AQUARIUS

AQUARIUS

AQUARIUS

AQUARIUS

一些人物，
一些視野，
一些觀點，
與一個全新的遠景！

THE BELIEF OF OCCUPATIONS

一本初衷

目映・台北——著

【推薦文】

# 掌上的繭，是職人活過的痕跡

◎溫昇豪（演員）

認識《百工職魂》節目總監近三十年，求學時的他即是點子王，擁有化繁為簡的魔力，三兩句段子便能將同學間的趣事活靈活現地呈現，讓人彷彿身歷其境且聽完仍意猶未盡。

畢業後，各自解放青春，摸索世界。再聚首時，彼此各有一片天，交換工作的心得，也彌補多年的空白。難能可貴的是，彼此默契依舊，仍有共同語言，溝通順利無礙。尤其在入社會後的工作環境雷同，共同的朋友與經歷的事件讓彼此更為靠近。他從事行腳節目的工作，與我出身相同。對於世界的樣貌自有一套描繪出的輪廓，我們暢談工作時遇見的人事物，感受各風土民情下的人生百態，每每聊天時皆樂不思蜀。

這本《百工職魂》記錄台灣各階層的工作，鉅細靡遺且深入淺出，許多生活周遭容易忽略的事物，皆在他的鏡頭運作下栩栩如生，彷若你非旁觀，而是親身參與並見證。社會運作需千萬人接續努力。當世俗對成功定義在功成名就與日進斗金時，一群流著汗水、默默辛勤的匠人們，用自己的方式譜寫成功的定義。他們也許默默無聞，但當你進入他們的職涯生命便會發現：活著，是掌上的繭、臉上的斑與眼裡的滄桑，而這一切皆記錄在這本《百工職魂》，等你細細品嘗。

【推薦文】

# Respect！職工靈魂

◎湯昇榮（瀚草影視總經理）

翻開這本書的朋友，恭喜你！你將可以透過本書打開視野、增進知識，認識台灣這片可愛的土地上，在不同角落默默努力的職人與他們獨特的工作行業。最重要的是，絕對能喚起每個人的工作熱忱與生命修為。

這應該是台灣第一本影音製作團隊在YouTube發表作品後，將精采的採訪內容化為文字、集結成冊的一本書。YouTube這個改變世界的全球最大串流影音平台，已是大家生活中不可或缺的媒體，影音串流與網際網路其實大大影響了出版產業，然而這本書反而是以影音媒介為出發點，帶領大家回歸到文字閱讀的樂趣，誠意十足。

「目映・台北」在YouTube上推出以職人為主題的系列短片：深度的訪問，真實的紀錄，起伏有致的剪接與音樂設計，中英文字幕，每位採訪對象都展現明朗的個性與自在的神情，顯見專業又深入的田調採訪工夫。而今，這些精采的採訪轉化成文字，職工靈魂躍然紙上。

以前常聽人說「行行出狀元」。從古到今，社會演進與變遷，加上人們的需求，創造了我們工作的類型與項目，士農工商、販夫走卒。身為人類有工作之必須、生存之必須，這本書也因而展現了人間萬象，經由踏實的採訪、巧妙的書寫、細心的編輯選材，為大家帶來眾多精采故事。

這本書裡的每一個職業與故事，都代表著時代的印記，尤其令我喜歡的，正是那些過去時代中生活與產業的連結。像是「手工雞毛撢子師傅」陳忠露的故事，就能讀到農業時代，人們養雞之餘，如何在鹿港這個信仰重鎮周邊，衍生出雞毛撢子這個適用於原木的拂塵用具。另外像是從民國六十八年就開始成為「珠帽師」的王土涼，原來是舊時代鄉下地方的無照醫師，而後成了信徒虔誠祭拜的媽祖的造型師，隨著時代的演進，材料也從電鍍珠子轉成施華洛世奇的水晶。而「神像整修師傅」楊時明，為蟲蛀、損壞、掉色、龜裂的神尊「整容」，回復其該有的神采與靈氣，鼓勵人更虔誠、謙卑地面對神尊。一個時代裡，生活的種種面貌與因應而生的各行各業職人，讓這本書讀來溫馨又有趣。

這本好書俯首覽讀，即可認識屬於台灣、與生活緊密連結的眾多產業，拾回一位位令人敬仰的百工故事。值得一提的是，書中撰寫的職人，許多都是年幼時期就從學徒做起，可能是傳承自家長輩，也可能是拜師學藝。他們耗盡半生專注一業，踏實訓練出來的專業知識與智慧，無論是談吐或是專業，職魂的最高境界展露無遺，令我心生敬畏與佩服。閱畢，是一次美好的心靈洗滌。

個人多年的影視工作生涯，也有機會去拍攝許多不同職人的故事，像是醫師、消防隊、記者、媒體人、警察等圍繞著現代生活的職人，也曾拍攝農夫種稻、茶師、醬油

釀造等等傳統行業的職人。個人也非常喜歡所謂的「職人劇」，因為有獨到的專門學問可以觀察，也有很多人生智慧隱藏其中，期待有機會也能將書中的這些精采職人故事搬上螢幕。

多元媒體下的我們，可以透過串流影音觀看這些職人的工作身影，感謝目映團隊以文采繽紛的篇章，讓我們得以閱讀這些美妙的人生故事。誠懇推薦，也期待很快有續本可讀，讓更多的職人故事傳頌下去。

【導演序文】

# （差點滅頂的）導演魂

◎吳建勳（目映‧台北總監）

「幹你娘！我撿骨撿了一輩子，要搓個湯圓，家裡的人都不敢吃。我賺的錢你們就會拿！」

撿骨師這幹字aka國罵之最aka在地鄉親專屬問候語一開口，現場拍攝團隊互看了一眼，眼角迸發了火花與眼淚，嘴角浮現顫抖的微笑——因為我們知道，這支影片點閱率肯定不錯。只是我們沒有想到，這位撿骨阿伯的超台國罵，還替「目映・台北」頻道帶來了十萬訂閱數，迎來十萬YouTube獎牌。

老實說，在有線電視台工作了二十年的我，過去因為受到法規的限制，撿骨師的三字國罵是絕對不可能播出的。直到網路崛起，電視台能夠發揮的製作空間實在不多，大環境更有可能比電影《異域》所闡述的滇緬孤軍處境更加困頓。「我不想死啊！！！」這個念頭喚醒了我，所以我轉身離開，有話不說出來，跳脫了熟悉的電視圈，投入網路影像的創作。

這樣的改變，一開始真的差點讓我想不開……

「你要打來借錢嗎？不是？要我投資你拍攝？我這裡沒法度喔。」

「歹勢，最近比較忙，沒辦法幫你。」

「找你拍片？啊你以前的同事我講一下就會來拍啦！」

（電話掛斷聲）嘟嘟嘟……

掛掉電話，我在路邊吸了一口菸，頭髮被雨滴到，不對，雨怎麼會是熱的？

幹！是鳥屎。

當下的落魄，讓我想起以往風光無比、眾人吹捧的神氣模樣，沒想到一離開電視圈這個神壇，竟然變成了誰都不想遇到的直銷業務。就連沒得到金鐘獎的失志，都比不上當時的心灰意冷，原來這就是人走茶涼的道理。這杯茶還真冰……

回家清除頭上的鳥屎，洗個澡，換個心情，手機鈴聲響了。是老戰友阿望打來的。「最近在做什麼？下來高雄啦，來開講！」唉，我的原則是只跟異性取暖，現在竟然淪落到要男男對談。沒想到搭了高鐵南下，阿望了解狀況後，立刻拿出一筆款項，「這筆錢就當作發財金，拿去做你最熟悉的內容，我挺你！」那場景，要是再加點武器在現場，絕對是拍《角頭》的最好題材。

兄弟對我有情有義，豈能讓他失望透頂？於是我研究規劃，網羅了自己的團隊，以我最熟悉的台語，為台灣社會做最接地氣的紀錄。就在二〇一七年底，《百工職魂》開拍了，成為當時台灣咸少、記錄在地職人精神又具有高質感與認同感的影像頻道，更因為「入珠」、「撿骨師」兩支影片打開能見度，總累積觀看次數破千萬。接著又得到公共電視、甚至境外頻道的青睞，各單位競相與我們簽約合作，自此一掃陰霾，撥雲見日。

《百工職魂》開拍初期，都是以過去我們熟悉的受訪者做為拍攝對象，好讓團隊集中火力把職人精神用畫面呈現出來。但是，以一週推出一集的頻率來看，扣掉過年期間，一年要播出五十支影片。既要定時定量產出，又不能重製、重播，我掐指一算，靠北，就算搬出前面奮鬥二十年的題材也不夠用！

正煩惱如何度過難關，外景車剛好開過三重路段，一個斗大的招牌掛在高速公路旁的民宅樓頂，上面寫著：京粗入珠店。就這樣，一個超棒題材被我們在高速公路旁撿到了。

還有一次，拍攝工作進行到一半，外面傳來送葬隊伍獨有的西索米（Sí-soo-mih）樂

聲，立刻啟動團隊的雷達：

「咦？葬儀社也可以拍欸！」

「那大體化妝師也可以啊。」

「撿骨的，敢不敢啦！」

「這樣的話，相親聯誼社應該也可以！」

為什麼？

「因為不管是死老公還是死太太，都要再找一個陪伴啊！」

職人一本初衷，身為導演，這就是我的初衷：從練痟話……不對，是從生活中挖掘被人們遺忘的職業，把讓人好奇的工作內容、職人們平常隱藏起來的感情記錄下來。

「這節目真的太棒了，謝謝你們把台灣這麼多偉大的職人記錄下來。」「太有傳承意義了，希望你們能一直拍下去！」隨著功成名就，諸如此類的話語如同一頂比一頂大的帽子扣在我身上，假如要求底下陰影面積，也算是可以遮風擋雨的好處所，應該不會再被鳥屎滴到了。

但說真的，我沒那麼偉大，就是用影像記錄朋友，用台語傳達人生感動而已。

「是我，金師傅的太太。金師傅昨天晚上回到主的懷抱，很謝謝您們之前來記錄他的精神，這是我最珍貴的紀念。」

刺青金師傅在我們記錄他的故事一年後，離開了我們。

就在出書前幾週，《百工職魂》團隊來到小靈堂向他致意，靈堂正中央選用的，就是我們團隊替金師傅留下的影像，頓時心中感慨萬千。

其實應該說感謝的是我們。感謝金師傅、感謝所有受訪者，謝謝您們的辛苦付出，在台灣各個面向努力耕耘，讓我們能透過鏡頭，現在又透過文字，記錄這一切美好，讓每個台灣人重新認識這塊土地上的「百工職魂」。

最後，把這本書獻給永遠的大哥，龍劭華。

# 目錄

目錄

# 目錄

【撿骨師】
【活版印刷】
【入珠】
【刺青】
【道長】
【乩身】
【澎湖小法】
【捏麵人】
【篆刻】
【珠帽師】
【送行者】
【裁判】
【金工】
【廟宇文創】
【轎班】

輯一
gōng-tánn
戇膽

# 撿骨師

## 我搓的湯圓，家人不敢吃
### ——撿骨師的訐譙告白

「以前我媽媽不讓我搓湯圓，她說家裡的小孩子會不敢吃，唉，我搓的湯圓不敢吃，撿骨賺來的錢倒是很敢花。」

坤木伯的自白，道出撿骨師的心酸。人們無不希望自己逝去的親人能落葉歸根，但對那雙安放無數形骸入甕的手，仍是避之唯恐不及。

原先對撿骨師的想像有點刻板，以為大概是充滿豪邁之氣、嚼著檳榔的Local阿伯，結果出現在眼前的，是個身穿條紋Polo長衫、看起來相當純樸的阿伯。他停下機車走來，剛開始還真以為是附近務農的阿伯要來看熱鬧，萬萬沒想到他就是坤木伯。阿伯的兒子爆料，一知道有攝影團隊要來拍他的故事，坤木伯早早就先去剪頭髮，非得要「Sedo」完備只為完美登場。

墓地地勢凹凸不平，一行年輕氣盛的採訪團隊都得特別注意腳步才不致扛著器材摔跤，坤木伯走起來卻相當靈巧，沒有一點障礙，遇上有高低落差的檻，也輕巧地一躍而下，看了實在為他八十二歲的膝蓋捏一把冷汗，但這坤木伯硬朗的身體可真不是蓋的！認證！

坤木伯家三代撿骨，父親和祖父都是撿骨師傅，如今兒子也接棒，已是第四代。坤木伯從小就常隨阿公到墓地工作，「小時候窮，去工作人家都會準備很多吃的，我也就常跟著去工作。」對小孩子來說，食物的吸引力遠大於恐懼，什麼沒有，就是一股憨膽不輸人。他常跟在阿公身旁工作，十三、四歲就開始當助手幫忙，到十八歲時已經

保安
台中逢甲永

能出來獨立接案。

過去土葬是主流，撿骨一次能賺進幾千塊，一天平均有兩到三件工作，高峰時期一天還做過八件，累積起來的收入不薄。「撿骨」是坤木伯的第一份工作，也是至今唯一的一份工作。

●

破土儀式準備開始，燒完紙錢，坤木伯的弟弟大聲念：「無禁無忌，破土大吉大利。」工人們合力挖出棺材，喪家的女兒手舉黑傘、湊向前呼喚逝去的父親，接著才由撿骨師上場。

坤木伯當場清點起骨頭的數目，他說，很多心懷不軌的撿骨師對亡者下葬時穿戴的貴重物品起了貪念，往往會以「沖煞」作為藉口，要求家屬迴避不要看。「其實這就是另有所圖，不然你想一想，自己家的長輩怎麼會害你？」

親眼見到開棺、亡者的骨骸，其實並沒有想像中的衝擊與害怕，若要說有什麼想法，大概就是對於生命意義的思考：每個人抵達人生末端，都化為一具骨骸，什麼都帶不走，人生的價值或許就在於能留下些什麼吧。

一般來說，撿骨之後是納骨，納骨方式由喪家選擇，又分成入大甕或是小甕。入小甕只要火化後納入即可，大甕的程序就比較複雜：先用布料包裹頭骨，由葬儀社或撿骨師依照性別繪製臉部，並按照人體的坐姿，依序將骨骸放入大甕中。骨骸可以用黑木炭固定，但絕對要避免堵塞五官，而像指關節等易散落的部位，則會用紅布包好才能置放到甕裡，接著再妥放於靈骨塔。

正巧拍攝日當天的喪家就是選擇入大甕，坤木伯說：「現在多數人都選擇入小甕，像這種入大甕的，做十件大概只會有一件。」非常幸運，這次不光是拍到完整的納骨儀式，亡者還是典型「好處理」的案例：屍身完全腐化，留下完整的骨骸。如果遇上蔭屍，例如屍體腐化不全，或是呈現如豆腐渣般的碎屑，就需要耗費更多的工序將骨肉分離。尤其在北港一帶，因地勢問題水易淹進墓地裡，蔭屍的情況相當普遍。

坤木伯一派輕鬆地說：「眼睛瞪得大大的、身體上還殘留毛髮、屍臭味很重的，我都

有遇過。前幾次會害怕，之後不管多臭我都不怕。」早在坤木伯十來歲時，就已在墓地練就一身無所畏懼。

多年來，坤木伯也撿過自己親人、朋友的骨骸，說到這裡，他沒有流露太多悲傷，僅說這就是份工作，以實實在在、不占人便宜的心態將每個案子做得盡善盡美最重要。偶爾，他也會遇上悲傷的家屬在現場嚎啕大哭，坤木伯會安慰對方：「撿骨是好事，別哭了，這樣逝去的家人會走得不放心。」但話鋒一轉，坤木伯又說出心裡的ＯＳ：「不是啦，哭成這樣，我頭都暈了，是要怎麼專心工作？」

……夠真實的心得。

坤木伯一直到四十多歲才結婚，在當時算是相當晚婚。坤木伯說，以前街坊鄰居都叫他「撿骨仔」，有次媒人要到家裡作媒，鄰居看到媒人還以為是喪家要來委託撿骨，熱心報路：「嘿對，他撿骨的啦！你要來找他撿骨喔？」回憶起這事，一聲國罵不著痕跡地流入坤木伯的海口腔。「×××！人家是要來作媒的啦！」這聲訐譙講得自然，說完自己還哈哈笑了出來。

一甲子的職人生涯，坤木伯遇過的靈異怪談並不多，印象深刻的是某次撿骨，大概是過程中有附近的野狗叼來了動物的骨頭，混雜在逝者的骨骸中，納骨完成當晚，喪家的孫子竟然無法克制地整夜學狗叫。後來打開納骨罈，憑著多年的經驗，坤木伯果真找到一根非人類的骨頭，直到處理完畢，一切才終於回歸平靜。

還有一次，坤木伯受委託替某戶貧窮人家的親人撿骨，打開棺材後發現是情況不佳的蔭屍，由於處理過程繁瑣，報價相對較高，喪家當下也同意了報價。坤木伯先去小憩一會待凌晨上工，結果在睡夢裡，夢見喪家只給了低於談妥價格許多的費用，讓坤木伯匪夷所思。離奇的是事成後，喪家竟然真的給了他夢裡所見的數字，分毫不差，這被他列為職涯中離奇事件之首。

坤木伯以撿骨支撐起整個家族的開銷，雖不如外界以為的能夠大富大貴，但已足夠換得家人衣食無缺。這雙摸過無數亡者骨骸的手，既是生財工具，也承載了巨大的職業包袱之重。有人不敢跟他握手，甚至連冬至和家人一起搓湯圓的樂趣都未曾體會過，他雲淡風輕地說著心裡難免的怨懟，掩蓋不了幾分失落。

沒人敢做的事，總得有人來做。再多的心酸也只能努力消化，幾十年來坤木伯一次次地整理好心情，再以全然的敬意和專注，完成手上每一件工作。

# 活版印刷

## 文字獄讓我差點被槍斃
### ——揀字，也撿回一條命

細心揀出每一個鉛字，仔細排列在框架之中，均勻刷上一層油墨，再於潔白的紙上，印出一段歷史。這是已經七十六歲的蘇明堂離不開的世界。

民國五十九年，蘇明堂從父親手上接下已經營三十年的活版印刷事業「華星印書局」，他的人生也從此離不開一張張的空白頁與鑄字，日復一日做著填滿再留白、解

構再重組的工作。

隨著蘇明堂拉開一排又一排的活體字，彷彿也拉開了時光的扉頁。他拿出一只古早的木盒子，示範早期的名片是如何製成。製作名片是蘇明堂過去重要的業務項目，他把一個個揀選好的鉛字，排列在這只木頭盒子中，在每個字的中間塞進木條充當間距。上墨，放好紙張，一切就緒後，只見他迅速地闔上盒子，「咔」地一聲，一張名片就誕生了。

「很慢吧！」蘇明堂拿起剛印好的名片，仔細端詳。這樣小小的一張名片，曾經是他的生活重心，如今已是遙遠的記憶。以現在的眼光來看，這樣的印製方式太不具經濟效益，但也正因印製名片如此困難，更加顯現名片的價值。

在過去，要印製一張名片，不是有錢人還真沒辦法印。蘇明堂拿出一本帳冊，指著泛黃書頁裡的字跡：「仔細看看這些收支明細，名片一張就要八角、一元，一盒少說也要六十元，這在當時是很驚人的數目啊。」蘇明堂說，一九三〇年代的台灣，一個月二十元的薪水即可讓全家溫

飽，印一盒名片卻要六十元，可以想見必須真的非常有錢才負擔得起。也因此，名片成了身分地位的象徵，這也說明為什麼老一輩的人對名片如此重視，畢竟能發名片的絕非等閒之輩，而能拿到名片的人也都有點分量。

在那個惜字如金的時代，蘇明堂的雙手在各級的活體字間跳躍，沾滿黑墨的手指排列著各種字句組合。過去客戶以公所、農會和學校機關為大宗，不同於一般的純文字排版，這些單位所需要的印刷品往往充滿各式表格，不但要排出表格的形式，還一定要按照單位對表格的大小需求排版。沒有電腦的年代，一份看似簡單的表格，要靠活版印刷排列出來卻是相當不容易的事。

除了學校，另一個讓蘇明堂頭痛的工作就是印製寺廟的籤詩。所謂「六十甲子籤」，表示有六十首籤詩要印製，一開始做只有籤文，到後來還得加上籤文的解釋，更增複雜度。且因每首籤解都不一樣，要是一個不留神而把錯誤的籤解印出去了，「那就是誤傳了神明的旨意，會害到人的。」蘇明堂深知自己背負重任。但不出錯是極為困難的。光是字級就有初號字、一到七號字之分，而每個字級又各別有上萬個字。可想而知，要在茫茫字海裡揀出所要的活體字，是多麼考驗耐心與眼力。蘇明堂又隨手從字盤中揀出一個字：「你看，這個『好』字，它現在是反過來的，印出來才會變成正的。這就是這個工作最困難的地方。」平時盯著一個字多看幾秒，大腦就會暫時失去辨識的能力，覺得那個字看起來「怪怪的」，更別說要長時間看著大量反過來的字這麼違反本能的事。人畢竟不是萬能，出包在所難免，也因為執行上有所難度，差點讓蘇明堂賠上一條命。

五〇年代的台灣，還在一個有文字獄的白色恐怖時代，蘇明堂差點因為排錯字而被槍斃。「我接了一個案子，是文生高中的信封。」蘇明堂一臉心有餘悸，回想當時台灣瀰漫著反共救國的肅殺氣氛。當時公家單位的印刷品隨處可見反共口號，他所承製的學校信封也不例外，「那時大型信封後面一定會印上反共標語，我們要印的，是『人民公社就是奴工營』。」沒想到師傅揀錯字，揀成了「人民公社就是好工營」。

這錯誤非同小可，奴變好，這還得了？根本就是為匪宣傳了。事情立刻驚動當年的警備總隊。要知道警備總隊就是特務機關，多少人聞之色變，被「請」入警備總隊大樓後，就再也沒有出來了。蘇明堂心裡雖怕雖苦，也只能硬著頭皮接受偵訊。

「警備總部的人耶，他們就那樣走進店裡找我去問話，嚇都嚇死了。」憶起這段過程，還是心有餘悸。在那個年代，警備總部就像死神一般，蘇明堂一家立刻陷入驚恐之中，街頭巷尾無不議論紛紛，甚至有人開始保持距離。

「那個年代就是這樣。沒辦法，我只能一直解釋不是故意的。」蘇明堂拿著店裡的鑄字對調查員說：「真的是沒辦法避免這些錯誤。這些字上面都黑嘛嘛

的，還左右顛倒，兩個很像的字排在一起，真的很容易揀錯字啊。」

也許是蘇明堂的解釋夠誠懇，調查員也看到排版上的難處，了解錯誤真是無法避免的，調查該案的人員奇蹟似地採信了蘇明堂的說法，也沒有多為難他。最後，這場文字風暴就在蘇明堂寫完悔過書之後平安落幕。

●

一場文字獄的風暴落幕，蘇明堂一輩子所建構的世界，也到了幕落的階段。電腦數位科技的廣泛運用，窒殺了蘇明堂

眼前的這一片字牆，活版印刷的風光歲月，如今已退下歷史的舞台。深知活版印刷的侷限，過高的人力與時間成本，難以在萬事求快的時代中生存。然而望著滿屋子的鉛字、從日治時代就流傳下來的各單位文件複本，蘇明堂放不下這些重要的資產。「在我的觀點，這些東西都是寶貝，它們實際上比電腦做出來的還要有價值。」所以蘇明堂正努力與文史工作者合作，舉辦座談會、演講、DIY等活動，致力於呈現活版印刷的價值。

對蘇明堂來說，活版鑄字印刷已從工作昇華成志業，現下所要做的，是保存台灣的歷史，與數位印刷取代不了的那分慢板溫潤。

# 入珠

## 嫌別人溪太寬？是你的船太小！
### ——入珠教主賜你快樂和自信

當過兵的男生絕對對「入珠」不陌生，甚至在軍旅期間，有七成的時間都在跟彼此的老二開玩笑。台灣男性會知道入珠這項技術，不外乎兩個大宗開發地：第一是當兵的時候，第二是坐牢的時候。當兵群聚時間多，站哨時打屁免不了要吹噓一下自己的「豐功偉業」，每個人都是葉問一個打十個，同梯間特別愛分享性事，來度過漫長的軍旅生活。

坐牢又是另一回事，因為時間太多，會開發出許多意想不到的技能，甚至還可以在監獄中學會釀酒。據說牢裡入珠是用磨利的牙刷取代小刀開洞，想當然耳，衛生條件非常糟糕，但弟兄們依舊趨之若鶩。許多出獄後的人還會將入珠事業跟刺青結合，頗具商業頭腦，可謂一兼二顧，摸蜊仔兼洗褲。

京植入珠店
永吉里辦
公佈
永吉里

開車經過三重交流道的人，肯定都看過斗大的「入珠」廣告招牌，即便不知道這兩個字的意義也會忍不住多看兩眼。入行前，入珠師傅陳安悉在菜市場擺攤算命，算的不外乎工作、感情、健康等議題，精通算命的他萬萬沒想到，別人人生的困境卻成了自己入行的契機。陳安悉告訴我們，會去算感情的很多問題都是出在性事方面，所有找他算過的女性裡，將近五成都有外遇的經驗，尤其外配女性更為明顯，有九成都會跑掉。「所以我就在想，要怎樣才能幫到這些人，性事合拍了，什麼都好談啦！男女之間不就是這些事在拖沙（thua-sua）。」

於是，陳安悉將母親抵押貸款的錢拿來做廣告看板，被笑傻也不在乎，因為他深信，那些有需要的人最後都會找他服務。憑著過人的膽識與眼光，這回還真的找出了不同的道路，不僅解決男女間難以啟齒的性愛問題，甚至償還了母親的貸款，讓當初不看好的人跌破眼鏡，最後更成功申請到入珠珠子的專利。他的店在北、中、南至花蓮都有工作室，可以說是跑遍全台進行環島，服務所有需要重振雄風的男性。

陳安愙走路慣性傾斜一邊，也不是身體有什麼殘疾或不適，就是肩膀慣性歪一邊，行走起來非常有架勢，銳利的眼神即便有鏡片隔擋，依然不減凶狠度。或許跟長年當算命師有關，陳安愙話不多，但總能說到重點，打招呼的方式也十分特別：若對方是男性，就先鎖定他的陰莖，相當於交換名片的概念，有些人一看就是總經理的格局，差一點的就是特別助理等級。隨後還會觸摸、端詳形狀，那手勁一掐過來——是男人就得挺住！說是這麼說，在場的男性工作人員還是都倒吸了口氣，深怕一個不小心淪落丙下等級。

拍攝過程中，陳師傅時不時說服我們：「乾脆就今天入珠了吧！」師傅口條太好，真的差點關機當場接受這難得的體驗。當天安排了一位十八歲的顧客進行拍攝，是陳師傅兒子的朋友，聽說曾經有七十幾歲的人也找過他，至今已服務過兩萬多名男性。中間空檔時有對情侶特別從苗栗北上，入珠前兩人還說說笑笑，據說是女方鼓勵男生來的，現在的社會風氣比起以前保守的年代，實在好太多了。

懂算命並非代表人生一帆風順，每個行業都要從基層做起，非一步登天。陳安窓當初是跟朋友學做入珠的，那位朋友在監獄裡面專門幫人家入珠，習得技巧後自己開業。陳安窓從磨珠子開始做起，這一磨就是三年，也正因為如此，他更懂得珠子的重要性。別小看這直徑不到零點五公分的珠珠，依照直徑，一顆要價台幣四千到六千元不等。由於技術太好，大家口耳相傳，陳安窓還飛到杜拜跟澳洲做生意，在國際間走跳，成了另類台灣之光。

工作桌上一個鐵盤在拍攝期間相當醒目，裡頭裝有玉石、瑪瑙、水晶、玻璃，像是珠寶盒一樣展示著。伸手過去想把玩，立刻被師傅制止，「麥摸！這些都是從別人陰莖上取下來的。」聽到師傅這聲驚呼才知道，原來這些都是被移除的入珠，差點就釀禍造成悲劇……陳安窓協助過許多人把入壞的珠子取出，因傳統的入珠有年限問題，期限三年至二十年不等，如果病變了就要拿出來，或者入的位置不對、導致疼痛，也要取出。實在好奇這顆跟手搖飲的珍珠差不多大小的珠子，到底是如何作用的，竟然讓人願意掏出大把鈔票置入也在所不惜。

整個入珠的空間頂多三坪大小，幾個大男人就塞在這個空間裡拍攝，搞得像在拍成人影片，又擠、又悶熱。陳師傅一邊接受拍攝，一邊講解：「男人都是這樣，嫌別人溪

太寬，其實是你的船太小。自己沒本事卻要找藉口，所以吼，要找對方法！」陳安忞說，他的入珠能得到專利，是因為裡面有一個按摩的弧度；弧度不能太大，也不能傷害到海綿體，才能發揮作用，後來經過專家設計才過專利，非常符合人體工學。至於入珠的材質，是用一種人工鑽，能在做愛的過程產生按摩的效果。

「入珠是相對的運動原理，在摩擦女生的陰道壁時，男生會壓縮回來，女生就會覺得粗大，男性自己也會覺得女孩子變得很緊。利用這個抽插滾動去按摩你的海綿體，讓它又硬又持久。」話才說完，咚咚幾下，不到五分鐘就入好了。才剛解釋完原理，不一會就完工，不得不說這技術真正好，快又有效！

儘管人們對這產業的接受度已經比早年好很多，但還是見不得光，也會讓人質疑：這真的能改善性愛嗎？現代人婚姻出狀況，會找心理師諮商，短短一小時花費不貲。如果是把入珠當作性方面的治療，差別只在心理諮商跟實質上的治療兩者的差異性，或許也不會再那麼排斥這項「傳統民俗療法」。

據悉曾有客戶入珠後，夫妻間感情更好了。坐在鏡頭前，陳安窓回想起幾天前才發生的故事。有個客人，是個送貨員，曾經給陳安窓入過一次珠，當時入珠一圈後覺得不夠，這次來一口氣要再追加兩圈。陳安窓問他，現在是怎樣，發生了什麼事嗎？「他說他生活也不是很好過，因為要繳貸款，還要養老婆小孩，生活壓力很大。但是自從入珠之後，夫妻倆很喜歡做愛，覺得做愛是他們最快樂最輕鬆的時候。」正是這些時候，陳安窓確認自己做這行得到的最大收穫，就是幫助了無數夫妻或男女朋友。他幫客人入珠，不僅改善性愛問題，也間接讓男人有信心。「房事若如意，你出去外面跟朋友接觸、做生意也會非常有信心。」

如果世上有份工作能讓人得到快樂跟自信，即便是入珠，又有何不可？

刺青

# 我刺青但我不壞

## ——刺青師針墨下的百態人生

如果皮膚是一張畫布，你會在皮膚上留下什麼故事？

有人將親人頭像刺在手臂上，留下對親人永恆的感念；有人刺下對自己的期許，也提醒自己別再犯錯。他們將一則則獨一無二的人生故事幻化成畫面，烙印在皮膚上，而負責完成這畫面的，正是身負重責的刺青師。

「跟以前來刺龍刺鳳的客人不同，現在的客人攏是帶著故事上門。」刺青師彫欽的工作室裡，總能聽見刺青工具發出吱吱的聲響，客人坐在工作椅上，或許是第一次刺青吧，緊咬著牙關，面色凝重，工作中的刺青師反倒神情輕鬆專注，按照事先轉印在皮膚上的圖案線條，或刺或磨地上色。終於，一朵豔麗的花盛開在客人的手臂上。

身材健壯的彫欽是台灣中南部頗有名氣的刺青師，投入刺青行業近二十年，在社會風氣還很保守的年代學習了刺青技術，並以此為業，逐漸養成精湛的技術，還曾以刺青作品出國參展。但不論是自己身上的刺青，或是這份工作，外界給予的負面評價從沒少過。一開始剛接觸刺青技術，免不了要承受外在眼光，總有人覺得他們是壞孩子，但凡會在身上刺青的，就是兄弟或壞人。

從國小開始，彫欽就對別人身上的刺青圖案很感興趣，「很想知道他們是怎麼把顏色印到皮膚上的。」對刺青的好奇與鍾愛萌芽得早，即使知道做這份工作容易讓人誤會，「就是想做做看」的念頭依然勝過一切。那麼，是否還記得第一個刺青的對象呢？彫欽說，應該是他自己吧。

當時年紀小，沒有人可以詢問，又按捺不住對刺青的好奇，小彫欽出於直覺就是拿自己做實驗，拿了把美工刀，沾上原子筆色料，就這樣一刀一刀將色料刻進皮膚內。那當然是一次失敗的作品，且因為是直接刻在手上，怎麼也藏不住，很快就被父親發現，氣得揚言要將彫欽的皮割掉，「真的是嚇死我了！」

雖然第一件作品以失敗收場，也被父親痛打一頓，但沒有因此讓彫欽對刺青的嘗試畫下句點。他開始打聽各地有名的刺青師，到一些刺青店學習，終於在二十多歲時，遇到了影響他深遠的第一位重要導師：彫安。彫安師傅的刺青畫面很乾淨，打破彫欽原以為刺青圖案所該有的樣貌，於是成為第一位在彫欽身上作畫的刺青師，也帶領他進入更具專業性的刺青領域。

除了技術，彫安師傅也授予溝通原則，他叮嚀彫欽，跟客人溝通千萬不能硬碰硬。但年輕時誰沒有拗脾氣？彫欽依然因為不懂收斂脾氣、不願耐著性子溝通，而經歷過客人直接甩門離去。直到個性比較成熟，他才頓悟這樣的態度不僅無法完成雙方滿意的

作品，還有可能間接助長大眾對這行業持有不佳的觀感，這才學著放軟身段。

刺青與平面作畫大不同，因為皮膚不像紙張，色料刺到皮膚上會自然擴散，而人類的身體也不是一個光滑平面，即便在紙張上將圖案畫到完美，放到皮膚上可不一定好看。所以，在最初打草稿時，不僅需要順著客人的肌肉曲線去調整，也需要耐心地跟客人說明，做出雙方都認為最好的樣子後，才開始進行刺青與上色。摸索到了第十年，彫欽才真正領悟出刺青上色的方法和訣竅，也就此打開知名度。

愈來愈多客人特地遠從他方前來找彫欽刺青，也會拿著他的作品要求他設計。七十四歲的阿連伯就是彫欽工作室裡常見的座上賓，二十歲左右看到朋友都跑去刺青，他也因為年輕氣盛，跟著刺了整個後背。當時刺青是用竹子綁針固定，沾上墨水一針針刺進皮膚，雖然痛得要命，但為了在朋友面前逞能，硬是咬牙刺完。半個世紀過去，當年刺的色料已全都褪色，且是一時氣盛刺下的圖案，阿連伯並不滿意，於是特地找上彫欽幫他改圖。在一次次的修整補圖間，也讓兩人建立起忘年情誼，直到現在依然常常出現在彫欽的工作室，像是駐店客人般跟大家聊著過去往事。

來到彫欽工作室的人百百種，有第一次刺青而滿臉期待又緊張的客人，也有把人生每個階段都鉅細靡遺刺在全身各處的客人，當他們說起自己身上的刺青，無不如數家珍，像是跑著人生跑馬燈一樣掏出過往回憶。也有不少看起來滿臉凶狠的大哥是彫欽的客人，當年為了襯地位，選擇了龍、鯉魚或神像刺滿全身，金盆洗手後聽聞彫欽在改圖、蓋圖上的好功夫，特地尋來。這些大哥到了現在歲數，性格已因時間的洗禮而變得溫和，有時自嘲起來還為工作室帶來不少笑聲。

那麼，經手過這麼多客人，有沒有誰讓彫欽特別難忘的？彫欽說，曾經有個囉嗦又挑剔的阿姨，像是不經意路過工作室一樣，一進門就要求彫欽幫她畫圖，但詢價後又是嫌貴，又說自己沒錢，就頭也不回地離開。彫欽心想這筆生意應該是做不成了，只能當是做了白工，白畫了圖。過了段時間，阿姨又再次上門，原打算趕緊將她打發走，想不到阿姨這次是真正有備而來。原來，前段時間她特地去做工存錢，就為了要來完成那幅刺青。因為這位阿姨，彫欽從此改變了對客人的想法與態度，轉念一想，每個刺青都是要留在客人身上一輩子的重要大事，刺青師應該要以更真誠的態度來面對。現在他也很常鼓勵客人，不要因為費用而妥協，可以每存一點錢就來延伸或補上一點圖，慢慢地完成自己最想要的那個圖案。

跟大多數的刺青師不同，彫欽並非整天埋頭於工作室，除了幫客人刺青，彫欽認為個人的創作也是很重要的事，因此即便本身刺青工作就很忙碌，但仍維持著到海外參展的習慣。透過參展看到自己的不足，也不斷學習別人的長才與其他國家的刺青文化風格。

「彫」字在日文裡，正是刺青的意思，能將名字與彫字連結，是需要獲得眾人肯定的，這也是彫欽對自己的期許。曾經因為外界對刺青的刻板負面印象，讓彫欽與自己的家人蒙受誤會，現在他希望能好好推廣刺青文化，翻轉大眾的負面觀感。

彫欽

# 道長

## 阮拜神，不是因為祂法力無邊

### ——神鬼結界的翻譯者

淒迷的夜霧裡，月光被定格在陰森的氤氳中，突然間，不知從何處散開的黃紙，漫天飛舞成一個剪影。慢慢地，一位頂戴頭冠，身披紅黑道袍的人從剪影中現出清晰的輪廓，只見他腳踏七星迴旋，手結定印，持護法器，低沉嗓音誦聲成咒，在生人迴避的神鬼之界踽踽而行……

這是道長吧！相信大家都會在腦海中浮現這個答案。

長期以來，大家都認為道長是遊走於神鬼結界的神祕人物，他們誦經念咒、開光降魔，他們能驅邪作法、收驚改運，是個充滿神祕色彩的行業。但對蔡尚坤來說，這些都只是從神怪影片中所得到的印象，道長這份工作，只是服務神明而已。或者，更準確的說法是：神鬼結界的翻譯者。

四十二歲的蔡尚坤，有著一張超齡的滄桑臉龐，也許是因為長期浸潤於天地人三界之間，讓他散發一種不同於常人的蒼勁。事實上，他接觸道士這份工作已超過三十年，可說是人生都奉獻給了神鬼。「這是我該做的。」蔡尚坤談起自己的道士人生，沒有任何的後悔，因為他認為上天留著他這條命，就是要他成為三界的使者。

「我以前是一個很鐵齒，不信鬼神的人。」蔡尚坤邊說邊搖著頭，彷彿是在悔恨年少的輕狂。「我小時候很排斥這些神啊鬼的，但後來出了一場嚴重的車禍，改變了我的想法，也讓我從此成為服務神明的道士。」他回憶起這段往事，笑著說自己差點就死了，就在命懸一線之際，家人最後找上吳府王爺幫忙，把他從鬼門關硬是拉了回來。

建法壇
金闕
道壇

租

也因為這件事，才開啟了蔡尚坤的道長人生。

提到道長，大家馬上就聯想到神奇法術或靈異傳說，對於這些好奇心，蔡尚坤可以理解，但他再三強調，靈異體質與道長之間並無絕對關聯，脫下道士服的他，生活與一般人無異，並不會充滿各種神怪傳說。只是，既然入了這一行，自然也是經歷不少神奇玄怪之事。

「這是當然的。」蔡尚坤笑了起來。他以電影《粽邪》為例，「我也有做過這樣的事，也碰過很可怕的狀況。」

有次，鄉里有人上吊自殺，本來大家是希望他出面主持送肉粽的法事，但最後這項工作交給了另一位年輕的法師。雖然不是這場法事的主持者，但蔡尚坤也被請來列席。法事進行到一半之際，住在隔壁的一位老婆婆突然發起狂來，蔡尚坤知道是惡鬼上身了，但因為法事正在進行中，他無法貿然插手，只得向其他人叮囑交代：「那位阿婆要好好注意。」只是沒想到，三天後，那位阿婆就上吊自殺了。一連兩人上吊，讓平靜的村裡陷入驚恐，最後還是由蔡尚坤出面主持了送肉粽儀式，才讓事件平息下來。

還有一次事件發生在新北市三重，也讓蔡尚坤印象深刻。某天，蔡尚坤接到這個來自三重的委託，委託人希望他來為自己過世的妻子主持法會。蔡尚坤當時心想，「這該不會是詐騙電話吧？」因為自己又不是什麼了不起的道長，也沒那麼有名，只是北港的一個小道士而已，居然有來自三重的委託？本來想置之不理，但三天後，蔡尚坤又接到對方很有誠意的邀請電話，並表示是死去的妻子特別託夢指定要他前來主持喪事，這才說服蔡尚坤北上。

就在法會進行的過程中，原本掛置於靈堂前的招魂幡竟然飛了起來，落在委託人的弟弟腳邊。蔡尚坤當下就明白，這其中必有冤屈。他轉頭囑咐死者家屬，回家找找有沒有什麼可疑之處，最後果然在死者的床頭櫃發現了紙人與符咒。原來委託人曾有意要自己的弟弟管理設在中國的工廠，因妻子反對而作罷，這讓弟弟非常不滿，於是下蠱報復壞他好事的大嫂。

「原本以為無人知曉的事，但還是難逃天道因果。」蔡尚坤嘆了一口氣，似乎也不明

白究竟是鬼可怕，還是人比較可怕。

面對這些神鬼靈異之事，蔡尚坤顯得有些意興闌珊，因為他認為這只是工作的一部分，沒有什麼好說的。雖然常常遇到這些靈異事件，但蔡尚坤並不認為這是需要被強調注意的地方，也沒有必要去渲染道長的玄祕，「做道長這一行的，雖然說是服侍神明，但其實也跟心理師一樣，安定民眾的心，再來才是祭改化煞。」

蔡尚坤更在乎的，是人性。他相信鬼也是人，所以不應該特別強調禁忌，「我只是人

與神鬼溝通的橋梁，幫助人與神鬼之間的溝通而已。」就像他進行起葬、撿骨的工作時，常掛在嘴邊的話：「這恁阿公餒，伊袂佮你害啦，免驚。來看袂要緊。」什麼生肖的沖煞，什麼生人迴避，在他看來都敵不過暖暖的親情。

不只是從人性出發，蔡尚坤更重視傳統的價值。「現代人對於這些宗教儀式，要的只是華麗的排場，愈酷愈炫愈好，但這是不對的。」他憂心忡忡地說，因為他相信道教的文化傳統來自對人的慈悲、對天地的敬畏，而不是比神通、比場面。

「阮拜神不是因為祂法力無邊，而是祂的忠孝節義。」他相信，這才是道教要彰顯的價值，「祂們的所作所為讓我們敬重，立下了人世的榜樣，才會成為神。」蔡尚坤相信，我們之所以崇拜一尊神，是因為祂如何孝順父母、如何幫助社會，例如拜媽祖婆，是因為祂在世的時候孝順父母，我們才為祂裝金身。懷著這樣的敬意，蔡尚坤以最認真、最仔細的心情來服侍神明。為神像開光、入寶的過程中，他謹守每一個細節，為神像置入五穀、龍銀、香火，甚至連神明的坐騎都如此。這樣不馬虎的態度，就是承守著道長為天地人三界溝通、翻譯的使命。

對神明如此，對往生者也是如此。蔡尚坤對傳統懷抱敬意，但也不至於食古不化，他樂於從科學的角度去看待一切，像處理蔭屍，他就會從北港的地勢、地形與土葬的方式來分析，而不會總是寄託靈異之說。

也因為這分實在又不浮誇的態度，讓蔡尚坤成為家鄉父老的第一指名，很多老人家已經直接跟子孫撂話：「我的後事要讓坤仔來辦。」老人們相信，只要坤仔在，他們就能走得沒有後顧之憂。

老人家擔憂的後事可以交給蔡尚坤，但蔡尚坤擔憂的道教文化傳承問題，卻不曉得該怎麼辦。

關於道士這份工作的傳承，蔡尚坤顯得很茫然，「我以前在學的時候，只能聽錄音帶，剩下就是用心觀察，盯著師父的動作去學習，去請教。」但這分用心卻迎來不可置信的質變，「現在很多年輕人是為了要迎熱鬧、為了好看，那分敬畏天地的精神已經漸漸消失了。」

蔡尚坤指出，大家對道長這份工作的認知，變得只在乎華麗的排場。更有一些年輕人，他們不去探究道長工作的本質，只是從YouTube的影片去依樣畫葫蘆地模仿。如此只知其然而不知其所以然的態度，讓蔡尚坤覺得很危險，擔憂未來台灣的宗教可能會漸漸走樣，因為原有的古早味已慢慢在消失……

蔡尚坤靜靜地望著香案上的神明法像，彷彿正在等待著神明給他答案。

# 乩身

## 王爺來託夢
### ——與神同行的濟公代言人

「弟子最近不順，賺不到錢，請濟公佛爺給我一點指點……」工作感情不順、長期受病痛所擾，但不知該向誰求助？在民間，普遍流傳著這樣的方法：萬事問神明。

一間不大的宮廟，神桌上擺了五、六十尊神像，一位穿著黃色袈裟的男子坐在神桌前，右手持扇，左手拿著葫蘆，一口一口喝著酒，神態自若，活脫脫將典型濟公形象現實化。而他身邊被信眾包圍著，一位接一位彷彿看診般依序說出各自問題，他用一口流利台、國語夾雜，偶爾還有幽默的英文單字，解答著信徒的問題。

高雄的「恩德宮」裡，這位身穿濟公袈裟的正是「恩德宮」宮主黃正雄。體型壯碩、皮膚黝黑，有時會被朋友開玩笑外表像是「兄弟」的黃正雄，是濟公的乩身，濟公會降駕到他身上，透過他的口傳訊，為信徒們解答生命中遇到的疑難雜症。

而這條為神明代言，為信眾服務之路，黃正雄已走了將近三十年。

會開始這條為神明代言之路，說來也玄妙，黃正雄自言最初其實不是個虔誠的信徒，不僅不信神佛，還很鐵齒，每次到廟裡，連香都拒絕拿。然而在十六歲那年，一次王爺遶境活動，從他家門前經過，黃正雄也湊熱鬧地跑去觀看，他覺得奇怪，怎麼坐在轎上的王爺神像帽子不斷在動？

「阿嬤快看，王爺的帽子怎麼一直在動？」但當時就在他身旁的阿嬤，怎麼看也沒看出王爺帽子在動，而後晚上睡覺，他竟夢見了遶境活動裡在神轎上的池府王爺。夢裡，池府王爺幻化出很多夢境，像是陰府辦事等畫面，各種可怕詭譎、奇異的景象不斷閃現眼前，真實得彷彿自己也親身走了一遭陰間地府。

即便是一場夢，再膽大的黃正雄也是嚇出了一身冷汗：怎麼會做這樣的夢呢？

黃正雄的媽媽是個虔誠的信徒，家住高雄，但也很常到台南的寺廟上香拜佛，於是也將這個奇怪的夢提出來向台南廟方詢問，而廟裡的人跟她說：「你這個囡仔啊，有乩身命，以後是要替神明服務的！」

當然，即便廟方這麼說，他們依然半信半疑，只是先將這段話放在心中，繼續如常過日子。直到某天，黃正雄跟著媽媽到旗尾鳳山寺進香，突然間黃正雄開始起乩，完全變了個人，周遭的人都被嚇到，一時不知發生什麼事。看來是被台南廟方的人說中了，神明果真降駕，而選定黃正雄的正是濟公師父。自那時起，濟公就會降駕到黃正雄的身體裡。

關於神佛之事，確實難以用科學實證，當然也不是第一次起乩，大家就全然相信。然而，從不沾酒的黃正雄每每在濟公降駕後，就酒壺不離身，一邊喝著酒一邊回應信眾問題，還能各種酒混著喝。且因自小生長在高雄，與人溝通幾乎全是台語，平時會用的國語詞彙其實不多，但濟公降駕後，竟能自如地說出一口流利國語，這也是令人稱奇之處。許多奇妙的反差，也讓親眼看見的人不得不這麼想：是否濟公真的降駕到黃正雄身上了呢？

但，可不是人人都能得到神明的眷顧。坊間不時也能聽到哪裡哪裡有神明的代言人，到底誰為真？有些裝模作樣者也是有著幾分像，善於觀察或是口若懸河的，也是能說得讓人信以為真，假神明上身似乎不是件難事。

「咱是參與神明事務的人，像我是乩身，要自修，要持戒，不可以有不好的嗜好，這樣神明的靈才能穩定。」被神明欽點雖是獨特的經歷，說來也不是件輕鬆事，更不是每天無所事事、仗著神明之名就可以收取信眾的錢（收費是隨喜，最多也就是收一份金紙錢）。選擇走上這條替神明代言的路，可是必須承諾持戒，努力自我修行，也沒多少人真正做得來且堅持得下去。

「抽一張牌吧。」解決信眾問題，黃正雄自有一套跟其他乩身相當不同的做法，他會讓信眾抽張撲克牌，慢慢用右手的扇子有節奏性地、一拍一拍地拍打在信眾身上，接著再針對不同牌面說明、提供解決辦法。有時就是簡單地給三道符，讓信眾帶回家中擺，但也有一些較有爭議的做法。像是有次，一個行為怪異的人被家人帶來求助問事，結果黃正雄一把抓起他的手插進香爐裡，說來奇怪，這人被卡陰的問題居然馬上解決了，但也造成了信眾的手被燙傷。

黃正雄說，神明要降乩時，身體不太會有意識，就彷彿靈魂脫離一樣，而神明在替民眾辦事時，乩身本身也是意識不清楚的，因此多數民眾在問事過程發生的事情，他也是事後才知曉。

前來問事的信眾裡，特地從遠地跑一趟宮廟，或真正要解決跟鬼怪之事有關的，實屬少數。大多數還是街坊鄰居、阿公阿嬤，他們常來跟濟公活佛聊聊生活中的大小事，或有些信眾會把這儀式視作算命，以尋求解答：應該換工作嗎？考試考得上嗎？或是請濟公幫忙找到好姻緣等等。這時就特別能感受到信仰在民間並非單純的宗教或偶像

崇拜，更多的是生活、心靈的慰藉與依靠，而提供問事的宮廟神明，就像是地方上的心理師，提供諮詢，安定人心。

而在神明退駕後的生活，其實與你我並無兩樣。除了擔任恩德宮宮主與濟公活佛的乩身外，黃正雄還有著另一個身分：他是台灣鼓王黃瑞豐的兒子。跟父親同樣熱愛音樂的他，是「爵士轎前鼓」的自創者，在神明遶境的活動中，黃正雄以他擅長的爵士鼓代替傳統鼓，增加轎前鼓的節奏性，後來只要他以爵士轎前鼓來出頭陣，場面總會特別熱鬧，也特別受到民眾歡迎。現在，他更與兒子共組「太子樂團」，讓台灣的傳統遶境活動更添娛樂性。

有趣的是，比起擔任乩身為信眾服務之事，反倒說起打鼓，黃正雄的眼神顯得更為熱烈。對他來說，能將音樂與宗教互相結合，大概是最開心最值得的事了。

# 解煞、驅魔、治難產
## ——呼過神明巴掌的法師

一般人想到法師，耳畔似乎馬上就響起樂器、法器、咒語的聲音，然後眼前晃過身著道袍、持咒行法、緊守科儀的身影。他們為生者祈福，為亡者引路，穿梭在各宮廟與生死陰陽界之間。

「大致上是這樣沒有錯啦。」望向廟埕裡正在進行的法事，被太陽晒得一臉黝黑的蘇

澎湖小法

武忠微微一笑，「但是在澎湖，法師的工作更多，地位也更高。」

是的，在澎湖，法師不僅是一種身分，更是一種地位。由於生存環境嚴苛，造就了澎湖虔誠的信仰文化，整個澎湖群島上，廟宇數量就超過一百八十間，有些小島甚至有超過兩間廟，密集度為全台之冠，因此塑造出豐富多元的民間信仰，包括全台獨有的祭祀科儀：澎湖小法。

所謂小法，在澎湖又稱為福官、法官，是澎湖宮廟最重要的儀式人員之一。「法師」是對資深者與輩分較長者的尊稱，蘇武忠就是澎湖人人尊敬的法師。「以前在我們那個年代，法師對鄉里而言是很重要的，因為當時的醫療條件差，交通工具也都不方便，半夜小孩子發燒，或是有人中暑，還是說家中女性懷孕、長輩怎麼了，這些全都要靠法師。」

在過去醫學與教育並不普及的年代，澎湖的居民舉凡止血、驅邪、安胎、收驚、洗淨，甚至雞瘟、豬瘟，包羅萬象的疑難雜症，都會求助於社里中的法師。「從鎮符、安營、濟世、桌頭、祭煞、開光，到安厝、安胎、化骨、收驚、收煞等，全都是義務性服務，沒有收費。」蘇武忠細數五十多年來的法師工作，他與其他小法們以熱情濟世的心，陪伴澎湖居民度過那段生存與醫療資源匱乏的艱辛歲月。

六十六歲的蘇武忠，從民國五十七年開始為神明及鄉里服務，因從小就住在廟旁，且當時地方的娛樂中心就是宮廟，常常在廟裡玩耍，加上自己也有興趣，於是開始學習小法。

在澎湖擔任小法是極為榮耀之事，一個孩童得從學齡到壯年，累積足夠的年資與經驗，擁有良好的人品，才能成為人們口中的法師。可以說，從小法到法師，是一條經由歲月淬鍊的魔法之路，而後，再從這些經驗豐富的法師裡，經人擇或神示選出法師長。

在澎湖，很多人都會把小孩送進宮廟學小法，很多小孩都是在小學四年級到五年級就被送進去，「可能是因為家長他本身的信仰、有發什麼願，或是這個孩子比較不好養。當然也有的孩子是他本身就有興趣。」蘇武忠便是屬於最後一種情形，他說，

1911

「小時候沒有想那麼多，就覺得很趣味，那麼多人在辦法事，覺得很熱鬧而已。」回想起自己接觸小法的過程，蘇武忠露出頑皮的神情，「說來你也許不相信，我小時候很皮，會把神像拿來洗澡，把祂的白鬍鬚塗成黑的。還會跟別人玩牌，輸的人就打祂一巴掌，是打土地公欸！那些我們以前都做過。」沒想到曾經對神明如此不敬的蘇武忠，從此將一生獻給了神明。

「在我們那個年代學法，是從油燈下開始學起的，如果你晚上去廟裡上課，回到家鼻孔裡都是黑的。」蘇武忠回想整個受訓過程，不禁吐了一口氣，「最辛苦的是七七四十九天的『坐禁』，期間持齋閉關，神明還會親自降駕測試。」

出關之後，則是責任與義務的開始。澎湖小法意旨為五術，但實際上它包含的不是只有法術，還會學到藥學、風水、算命等能力，「學會這些之後，就要遵守行法度人的祖訓，鄉社裡大事小事，不管是宮廟還是民眾請託，都要盡量去做。就算颳風下雨，都要赤腳行法，其實很辛苦。」這也是在澎湖法師地位崇高的原因，「在當時的鄉里，如果出現一個比較厲害、有能力的法師，不只是在自己的鄉里受到敬重，就算離開了自己的鄉里，別人也會很尊敬你。」法師們多才多藝，不僅熟稔宮廟事務，也通曉地方知識，可以說個個都是宮廟與地方文化的傳承者。

回想起自己擔任小法的過程，蘇武忠似乎有說不完的故事。有次，里長找上蘇武忠服務的宮廟，因為那位里長正要從田邊牽牛回家時，牛突然暈倒了，還口吐白沫。以前農業社會，牛是很重要的，所以里長心急地來拜託神明降壇處理。沒想到主公降駕之後，指名要蘇武忠去對那頭牛開三鞭，「我就拿著淨鞭，跟著里長去找那頭牛，一路上想說，那頭牛會暈倒是因為太陽太大，你現在叫我開到三鞭，牠會醒來我才不信……」但是時間到了，蘇武忠真的對著牛頭參禮，再對牠開三鞭，結果第三鞭開完以後，那頭牛真的就叫出了聲音，並且站了起來。

另一次驚魂記，是遇上一位血崩的產婦。蘇武忠被法師叫進房間裡，在那個沒有電燈的年代，房間裡靠著屋頂一扇天窗才勉強有些亮度，他看見一個女孩躺在床上，腳才踩到床邊，已踩到滿地鮮血。法師要蘇武忠用淨鞭對著女孩的下半身鞭三下，又拿出一張符，叫他貼在門口。一會之後，產婆出來道謝，「她說那女生的出血止住了，我們沒去的話，那女生就沒命了。」回想起來，對蘇武忠依然是個驚險的經驗，「其實我走進去也嚇得要死……房間又沒燈光，腳下踩到的全都是血，那時候我還是孩子而已啊。這都是我的親身經歷。」

所以，法術真的存在嗎？問到這個必考題，蘇武忠說，「信者恆信。對我來說，我可以很肯定地跟你說，法術的神奇確實是有這回事。」

在早期的社會，能為神明服務是很光采的事情，但到了現代，蘇武忠認為這一切已漸漸變成像金錢買賣一樣，慢慢地小法也比較不受重視。想到當今的社會風氣，不禁憂心忡忡，「倫理消失，正道一定衰敗，邪道就坐大。自然地，魔就當道了。」

到底澎湖這項與台灣本島不同的法道能否傳承下去，再展正氣？蘇武忠說，看機緣。「下一代能學到哪個程度，就盡量學，但如果學習的人沒有誠心，我也不會勉強要傳承下去。寧願它消失不見，也不要看到造成後續的禍端。」

小法的存在，不僅對澎湖的宮廟有極大重要性，也與鄉里民眾的生活密不可分。然而蘇武忠樂見的，是人們對正道的堅持，而非那些科典形式。從老人家的眼中，我們可以看到小法那分安世濟民的服務信念與心意，這才是澎湖小法傳承下去的真正價值。

# 捏麵人

## 帶財捏麵人
## ——過去與未來的捏塑者

從令人望而生畏的關公，到小朋友愛不釋手的皮卡丘；從滿天神佛，到《復仇者聯盟》的眾英雄——這是黃昭智用十指捏製的世界，一個繽紛而魔幻的世界。

在鹿港老街一處不起眼的屋子內，四十三歲的黃昭智正專心捏製《復仇者聯盟》裡面的英雄人物黑豹，「我大概從八歲就開始玩捏麵人了。」他邊說，邊細心為眼前的黑豹做最後修飾，再端詳一會，然後滿意地把它架立起來。「所以，我做這個已經有三十五年的時間。」黃昭智停了一下，眼神閃爍著，回憶起童年記憶。

「小時候就常常吵著阿公帶我去廟口逛，那時看到捏麵人很喜歡，就開始想要學著做。」就是這麼一個簡單的念想，最後成了他一輩子的堅持。「講得好像很偉大，其實只是因為二十元！」黃昭智說罷哈哈大笑。原來，年幼的他想到捏麵人是麵粉做的，很容易壞掉，有天在書局看到黏土，想著黏土這種東西好像也很好玩，又跟捏麵人的材質相近，於是花了二十元買回一包黏土。就從那時起，黃昭智慢慢對黏土、對捏麵人愈來愈感興趣。

麵粉做的捏麵人容易發霉，成為現代人不太能接受捏麵人的原因，於是黃昭智改變了原始捏麵人的純麵粉材質，在材料中加了黏土與塑化劑，讓它成為觀賞價值高的公仔，也提升了人們的接受度。

做捏麵人做出興趣的黃昭智一度想報考美術專科，但被家人以「會餓死」為由，勸說他改讀資訊科系，「剛好家裡是做水電的，想說好吧，至少可以幫家裡的忙。」沒想到，當初的妥協竟然成就了日後自己的夢想，因為最支持他堅持捏麵人職志的人，正是他後來任職於電子公司的老闆。

「他的確是很支持我。」黃昭智調皮地眨了一下眼睛，「但他得到很多啊！」原來，黃昭智的老闆充分運用了他捏麵人的這項技能，讓捏麵人成為行銷利器，利用這個優勢來爭取國外客戶。「很多國外客戶來我們公司，我就會捏一個公仔給他，很神奇哦，只要拿到我的捏麵人，這客戶的訂單從此就不會中斷。」所以黃昭智成為公司的祕密武器，他的捏麵人更成為公司的一種行銷手段，甚至有外國客戶希望黃昭智捏個公仔讓他帶回去給孩子，「什麼要求都有啊，印象最深刻的，是有國外客戶希望我幫他捏一尊耶穌讓他帶回去。」捏耶穌？這已經不是為人做捏麵人，算是為宗教服務了吧。

的確，定睛一看會發現黃昭智真的做過很多神明樣子的捏麵人，「很多時候都是神明顯靈要我做的。」有沒有搞錯，做個捏麵人也可以與神同行？「真的啦。」黃昭智指著自己的頭說，他曾被神明電擊過腦袋一次。「可能我有一點通靈的體質吧。」

有次，黃昭智在工作室苦思作品靈感時，突然感到一陣電流貫穿全身，腦袋更是痛不可當，「那時我眼裡竟然浮現一個神明的樣子，非常清楚。」黃昭智當下就捏出了那尊神明的面相，捏完頭部之後，黃昭智覺得有些不可思議，也坦言「有點怕怕的」。後來，開車回家的途中，黃昭智一直陷入恍神狀態，就這樣迷迷糊糊地開到了一間宮廟，他下車一看，發現是二太子木吒所駐臨的廟宇。他拿出剛剛捏好的面容給廟公看，廟公看到立刻就說：「這就我們家太子爺的樣子啊！」黃昭智當下就明白，自己

受到了二太子爺的召喚。

也就是說，黃昭智的捏麵人客群不只是人，還有神明？這話不是說說而已，確實有許多宮廟都指定黃昭智為他們服事的神明製作捏麵人，「真的很玄，這些人一開門進來都說是神明顯靈，指定要我來做的。」這也讓黃昭智的捏麵人委託工作排得滿滿滿。

在黃昭智的捏麵人生中，最讓他躊躇滿志的一次，是曾經做過一隻比人還高的巨龍。就在鹿港海天聖會的大拜拜時，黃昭智接受地方宮廟的委託，要製作一隻巨龍，「嚴格來說，這隻龍算是觀世音菩薩的坐騎，因為在龍頭上，還要捏一尊觀世音菩薩。」為了完成這項委託，黃昭智足足花了兩個月的時間，不但在造型上巧奪天工，還充分利用自己水電方面的能力與電子資訊的專業，在龍的身體裡安裝了馬達與電力設備，讓這隻捏麵龍既會噴水，眼睛還會發出亮光。這隻龍也讓黃昭智出盡了風頭，整個建醮活動，從天后宮一路延伸了兩公里，而他做的龍就放在天后宮廟前展出。

黃昭智說，這些因為廟會活動或祭祀場合而誕生的捏麵人，也是這項傳統技藝的起點。早期的捏麵人是用來祭祀、拜拜的，後來會捏給小朋友玩，是因為拜拜完不想浪費剩下的麵粉，所以就捏了一些母雞、小狗讓小朋友去把玩。但黃昭智的期望可不僅止於此，他做的捏麵人不只是供客人把玩欣賞的可愛公仔而已，對他來說，捏麵人還有更崇高的存在價值。

就拿黃昭智常合作的燒王船典禮來說，燒王船會有廟方指定的東西，例如牛、馬、羊、豬、鴨這些所謂的三牲五禮，廟方就會要求黃昭智用捏麵人來代替。牲禮主要是給神明食用的，換成捏麵製成的品項之後，可以減少殺生，不用去浪費不必要的金錢跟生命。黃昭智相信，這也是神明想要的結果。

黃昭智在做的，不只是把黏土做成公仔。他所做的捏麵人，已經把人與神、過去與未來，巧妙地連結在一起。從改變材料，到新科技的使用，都可以看到黃昭智努力要賦予捏麵人更新的時代意義，而他的嘗試也獲得了極大的成功。現在黃昭智與他的捏麵人已成為文創的指標，更在對岸掀起一股熱潮，邀約工作不斷。但他還是決定留在這塊土地上，努力為捏麵人這項技藝貢獻心力。

篆刻
刻印一匹狼
——右手殺左手的孤獨刻印人

不管是就職、結婚，購屋買車，人生中的重要時刻，海誓山盟說得再動聽都還不算數，必須白紙黑字打下合約，蓋上關鍵的印章代表「本人同意」才算數。印章如同個人的小分身，成全了每一段重要的約定——說得如此重要，但在現在的台灣，坊間的

印章店卻不怎麼稀奇。現在的印章店大都和鑰匙店、晶片遙控器店相互依存，顧客要刻印章，只要從現成的電腦字體中選擇，搭配自動化的機器，不用一杯咖啡的時間，一顆印章就能到手，付出去的也經常是銅板價罷了。

刻章有千年歷史，在使用電腦、機器刻印前，印章都得手工刻製。厭倦機械化的千篇一律，現今著迷手工篆刻的仍大有人在，篆刻家以刀為筆、用刀寫字，極致者甚至能不打草稿。吳契憲就是這樣，完全不需要事先在印章上打印稿，刻刀一握，就能迅雷不及掩耳地刻下行雲流水的美麗文字。

吳契憲的工作室「吳廬篆刻」位於三峽，打開門，微涼的風從門縫狂妄竄入，吹動吊掛在半空中的書法作品，宣紙在空中狂亂折騰一番。吳契憲從宣紙簾中走了出來，身穿深藍色棉襖，蓄了長長的鬍子，戴副粗框眼鏡，整個人自帶古韻氣場，現場頓時有種古人從時光隧道裡走出來的錯視感。「我覺得我就是從古代來的！」他哈哈哈地發笑，笑聲聽來中氣十足。

十二歲那年，吳契憲家裡開了印章店，他全程參與了開店過程，跟著媽媽一起學刻章，很早就獨當一面當上少年師。這背後其實有個意外插曲，某年放暑假，吳契憲爸媽出了車禍，必須在醫院靜養一段時間，那時還只是國中生的吳契憲只能獨自顧店，他硬著頭皮瘋狂練習，用最短的時間將自己的技術提升到營業級水準，迎戰一場又一場的戰役。

他回憶：「在民國七十幾年，台灣錢淹腳目的年代，每天都要刻上五十、一百個印章，我們那時受的訓練，是平均九十秒就要完成一顆姓名章。」吳契憲很享受這種腎上腺素爆發的感覺，即使同時被好幾雙視線包圍，都擾亂不了他的節奏。刻章就像一場表演，篆刻師的腦袋裡自備文字鏡射功能，落下的每刀都要有意義，絕無虛刀。

「歷史上，用刀寫字這個行為，比用筆寫字還要久。」吳契憲說，不同工具能寫出不同字體，毛筆可以寫行書、楷書，而刀可以寫出篆體，因此又稱「篆刻」。他認為，篆刻是刀刻文字最後的精華，而刀是創作中的主角，「如果事先把印稿寫好再刻，那刀子就只是一個附屬品而已，那樣也沒什麼不好，但就是少了點直覺性。」於他而言，篆刻最有趣的就在於每次都能產生意想不到的效果，無須過度的設計或美化，正如他鍾情發跡於秦漢時代的小篆，形體質樸而迷人，與他所崇尚的創作之道不謀而合。

不只日日臨摹練書法，為了打造符合自己使用習慣的工具，吳契憲甚至連刀具跟印床都自己打造。於是篆刻師傅搖身一變，開始打鐵，跨界學習也完全難不倒他，「我是真的滿瘋狂的啦，而且我的字典裡沒有不可能！」此話不假，吳契憲光是雕刻刀就打了上百支，還自創了一套金、木、水、火、土的分類法，依據客人選的印章材質、大小，能立刻從上百支刻刀裡挑出最適合的那支。許多刀上都布滿深深淺淺的痕跡，足以看出使用的頻繁程度，當然，他的手可沒少被劃傷過，「左手拿印章，右手握刀，操作上一不小心就可能濺血，所以我都說自己是右手殺左手。」介紹起寶貝刀具侃侃而談，我們都相信，他沸騰的熱血即使經過四十個年頭的職業生涯，也絲毫沒有濺掉分毫。

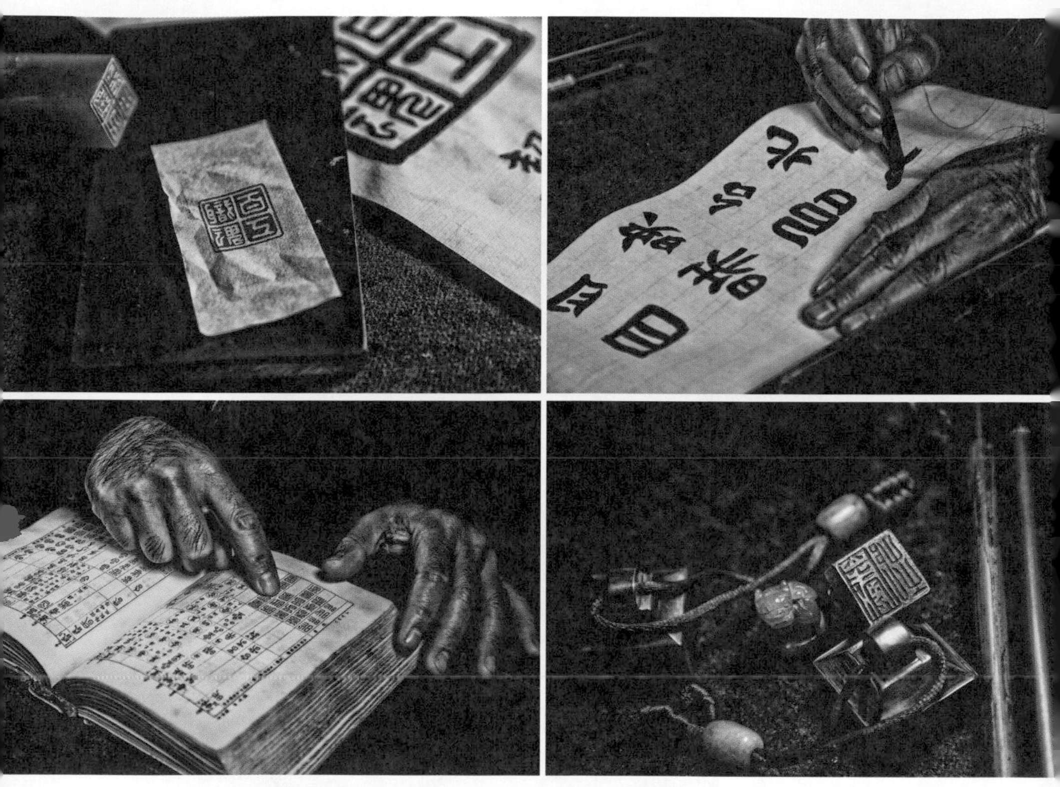

雖然吳契憲現在做的是藝術篆刻，但他太太開的就是現代刻印店。時勢所趨，吳契憲家裡的印章店也隨著時代潮流，改以電腦刻印為主。他深刻體認到，即便電腦字體再如何千變萬化，都無法複製出手工刻章這種由生命與歲月交織後提煉而成的神采，而手工刻章要能延續下去，就必須提高藝術價值，將印章做得像個藝術品。但藝術品也不該僅是束之高閣，要能夠是實用的生活必需品，於是，笑稱要擺脫商業的糾葛，吳契憲將店面交給太太打理，隻身到三峽另闢工作室，決意當個「孤獨的刻印人」，專做手工篆刻，也嘗試更多不同風格的創作。

以前他能九十秒刻一顆印章，現在他不跟電腦刻印競速了，每天只刻一顆印章，重要的是如何突破自我。他將整首五言絕句刻在印章上，不斷挑戰自己的極限，甚至開始「玩字體」，設計上融合了對細節的觀察，暗藏許多有趣的小巧思。例如「白沙屯媽祖」的印章，他將「白」字刻成一座香爐的模樣，「沙」字則像信徒跪在地板上、手拈三炷香。又例如有一次刻「波多野結衣」，字體渾圓、柔美，有如女生胸部的形狀，令人看了會心一笑，他補充：「有時候我是玩得有點over了啦，我現在要當個古人就好！」

愈是探究篆刻的歷史和先人作品，吳契憲愈是崇拜。他多方涉獵中國藝術史、書法史、文字學，甚至西洋藝術史，堅信要成為一個專業的刻印人，不能只追求表面美感，更要築起高深內功，這門學問沒有盡頭。

幾年前，吳契憲和收藏了許多珍貴石頭的許效舜合作《鐵獅玉玲瓏》的玉印集，特別就地取材，使用了大量的台灣石頭，如：梨皮石、玉石。他與多位名家攜手合作，促成了這本值得珍藏的玉印集，特別獲得青睞，還受邀到京都展出。話說到一半，吳契憲靈感乍現，刻起「百工職魂」字樣，「急就章」速度之快，不到半小時的時間，一顆全新的金印就完成了！

從字型、排版、構圖、材料到創作題材，吳契憲從不給自己設限，永遠樂於當個篆刻狂人。

# 珠帽師

## 媽祖頭上動手腳——無照醫生成神明造型師

誰！如此大膽，敢在媽祖頭上動手腳？
誰！如此能耐，能讓媽祖更增添風采？
就是他，王士凉，從無照醫師搖身一變，成為與「女神」同行的造型師，更是媽祖御用的專屬珠帽師。

從民國六十八年開始做珠帽，至今王土涼已經做了四十多年。舉凡媽祖、王母娘娘、註生娘娘、九天玄女，這些「女神級」的人物，都是王土涼的主要客戶，說他是女神御用的帽子設計師，一點也不為過。

所謂珠帽，就是神明戴的帽子。古代有官帽，什麼官位就戴什麼帽子，神明戴的帽子亦然。珠帽也有分階級，而且通常就是女性神祇最適合戴，「像媽祖就是受玉皇大帝敕封過，所以製作祂的帽子就不一樣，不能只是像鳳冠那樣，這就叫媽祖的珠帽。」

雖然如今已貴為女神級的專屬造型師，但王土涼並非一開始就做珠帽出身。「我初中畢業後先去診所幫忙，後來就出來當人家說的『赤跤仙仔』（tshiah-kha-sian-á），就是無照醫生啦。」什麼？天后造型師一開始竟然是密醫？

「那時候剛出社會也不知道要做什麼，鄉裡有人在當『赤跤仙仔』，想說好像也不錯，就跟著人家去做了。」台灣早期因為醫療水準並不高，尤其是在鄉下地方，醫師、診所並不普遍，就醫的費用也很高，一般人負擔不起，於是像赤跤仙仔這類的無照醫師便趁勢而起。

「當然也是有受過一些基本的醫學訓練，可以大概知道病況，一些簡單的治療，像擦藥什麼的，都還做得來。」王土凉想起過往那段騎著腳踏車到處幫人看病的日子，覺得那時的生活也很不錯，「好歹還算是醫生吧，雖然沒有執照，但在幫人處理一些小病的時候，還是很有成就感。」他笑著說，當時就騎著腳踏車，載著一只裝滿藥物的箱子，裡面放一些簡單家庭常備藥，治頭痛的、肚子痛的，還有像紅藥水、雙氧水之類的藥品，就這樣一個鄉一個村地遊走。

雖然是無照的醫生，但王土凉還是成功救治過幾個病人，「其實都不是什麼嚴重的症頭，肚子痛比較多，吃了藥就會好，就像現在去藥局買成藥那樣。但他們好了之後，臉上感激的表情，還有家屬握著我的手一直道謝的樣子，現在想起來還是很感動。」說完，王土凉又補了一句：「嚴重的還是要去醫院啦，我雖然無照，但並不是無良心。一些小毛病還是可以幫上忙的。」

雖然覺得「赤跤仙仔」是個還不錯的工作，但民國六十八年藥師法實施後，王土凉就面對失業的困境，「我嘛是有想過要變成一位有照的醫生，但還是限制於學歷的門檻，小時候讀書不是讀得很好，長大了要來拚，實在是有點困難啦。」陷入失業之後的茫然，不知所措的他，在這時遇見了轉機，「阮阿公在廟裡當類似管理員的工作，他要我做做看神明戴的帽子，我就抱著試試看的心情，沒想到還滿受歡迎的。」

珠帽並不好做，因為工序很繁雜，最重要的是精密，整頂帽子要對稱，「不能歪七扭八的，否則給神明戴了，能看嗎？」所以珠帽的每道工序都不能有偏差，需要十二萬分的專注，「從製版開始，要剪要貼，還要用鐵絲固定形狀。以前是用膠水，現在用強力膠。」因為長期製作珠帽，不管是扭塑鐵絲還是使用強力膠，都對身體造成了一些傷害，像是眼睛與皮膚，手指也布滿老繭，「皮膚也龜裂得差不多了。」

做一頂珠帽要花不少時間，「我一天大概工作十二小時，一個月也才做二十頂左右的珠帽而已。」但算一算，從工作到現在，王土凉也已做了一萬多頂的珠帽。有趣的是，他還在每一頂出品的珠帽刻上編號，「這些編號就是代表我王某人所製作的。」

從事這個工作多年，難免會遇到神奇有趣的神蹟時刻，像是很多人都對他說，是因為神明的叮囑與指示，才會找上門。但王土凉尊敬神祇，不想消費神明，僅是微微笑了一下，輕描淡寫地說：「這當然很光榮，神明顯靈指定我幫祂們做珠帽，是很榮幸的事，但全力做好比說更重要啦。」

王土凉出品的珠帽，使用的是施華洛世奇的水晶，很多人都覺得很有意思，「也沒有什麼，因為它的確是很出色的材料。」早年做珠帽的珠簾時，王土凉多會選擇電鍍的珠子，因為電鍍過的珠子色彩比較繽紛，也好看，但電鍍的汙染很大，台灣已經很少有這樣的工廠。為了因應時代的變化與環保的需求，近年改用施華洛世奇的珠子，「因為它的光澤、色彩都很動人，再加上它的組合方式有利於珠簾的製作，做出來的成果我很滿意，就用到了現在。」也因為用了施華洛世奇的水晶，讓王土凉的珠帽作品更加出色。

做珠帽超過四十年的王土凉，迄今做過的珠帽超過萬頂，其中最讓他印象深刻的，是五尊大神像的珠帽。那是南部一家宮廟委託的工作，要幫五尊頭圍超過六十公分的媽祖神像製作珠帽。這麼大的珠帽，而且一次要五頂，對王土凉來說是極大的考驗，但他想著：「試試看吧，人家都找上你了，是緣分也是人家對手藝的尊重。」

就這樣，王土凉開始了這項工作。但完成之後，並不表示任務就結束了，還有最後一關：運送！二十多年前沒有宅急便，也缺乏專門的運輸公司，要送五頂這麼大的帽子，可是一件難度不小的事，既不能吹到風，也不能擠壓到，最後叫了數輛計程車才解決運送關卡。人沒有坐上車，反而是帽子坐到了計程車，這也成為王士凉至今回想起來依然有趣的經驗。

有了最大，當然也就有最多。還有一次，新北三重的宮廟向他訂了一百多頂珠帽，「那真是非常可怕的經驗……」雖然事先有經過仔細的評估，但開始作業之後，還是有些後悔，「太多了啦！一次要做一百多頂珠帽，真的是很辛苦。」但是答應神明的事不能反悔，再怎麼辛苦也要堅持下去，那次的案子讓王士凉連做夢都夢到自己在做帽子，直到做完了才鬆一口氣。

因為做工精細、外型亮麗，王士凉的珠帽在宮廟界是非常搶手的夢幻逸品，許多宮廟都以能用他製作的珠帽而自豪。即使一頂珠帽要價從將近六千元起跳，但因為品質好，所以生意還算穩定，畢竟是要獻給神明的東西，只要品質好，客人不會太計較價格。

「但是君子愛財，取之有道，小人愛財，不顧體面。我的性格就是我東西要賣給你，你買回去發現不值得，你給我寄回來，我一定退費給你。」長久以來的經驗與手藝，讓他對自己的作品有了一種自信與憐惜，「我不希望我做好的珠帽是人家用不到的，這樣就失去意義了。如果有客人向我訂了珠帽，但後來一直沒有使用，那我會希望他退給我。」

坐在桌前仔細端詳著手中的珠帽，他是王土凉，憑著一身手藝，讓他有資格在眾女神的頭頂上動手腳。

# 送行者

## 單程旅社——翻轉喪禮文化的殯葬革新運動

人潮湧動的民權東路上，坐鎮著歷史綿長的行天宮，同路並肩而立的是成排色彩紛呈、造型殊異的葬儀社招牌。放眼望去，一個潔白的店招上，鑲著「冬瓜行旅」四

枚雅緻的墨字，即使過客匆匆於此交會，仍不免回神抬眼，滿懷疑惑地想著此家旅社主理人設點於此的用意。

畫面拉近稍早時辰，冬瓜行旅的負責人正雙手合十，肅穆地在往生大德與家屬身旁梭巡，隨行間不忘叮嚀著喪儀待進的流程。話語初吐，聽得出來其思慮之清晰，對於治喪的打點早落進日常般熟稔。

他是早期在殯葬業以「行義」聞名，長年為許多水岸無名屍免費治喪的冬瓜（郭東修）之子，郭憲鴻（小冬瓜），認真往臉龐瞧還可以看出一抹與父親相似的神韻。即使對流程嫻熟於心，小冬瓜身上不見專業者偶有的傲氣，語調溫和，一字一句慎重出口的模樣，與方才他高舉方盤，將敬拜往生者之物抬於眉梢，而後虔敬躬身的謹慎姿態互有呼應。應對周身舉目所見的無常，即使日月浸身其中，這分無以掌握的消逝，仍讓郭憲鴻對每一位跨進人生終途、來到他面前的「旅人」絲毫不敢大意。

二〇一五年立春，一架ATR72-600客機從松山機場起飛，預定飛抵金門尚義機場，卻在起飛不久後左引擎失去動力，失速墜於基隆河南港段，造成乘客連同機組人員共計四十三人死亡。十幾具罹難者大體緊急送往冬瓜行旅，從搜救到送抵的時程之間，許多逝者泡水三、四天，成了面部膨脹難認，只能倚靠證件驗明正身的水浮屍。比對大體之際，一組熟悉的出生日期與感慨同步浮現——這位往生者正與小冬瓜同年。即使生命循環符於自然法則，小冬瓜仍無法習慣，每每在與死亡碰面時驚覺人類的脆弱。

午後斜陽穿透半啟的門縫，落進「旅社」的石地板，一位肝癌末期的客戶走進門內，尋求小冬瓜協助處理身後事。臨走前，他回過頭認真地握著小冬瓜的手：「我的事，就千萬拜託了！」掌心的溫度如外頭正敞亮的暖陽，傳進小冬瓜掌間。但此去一別，與來人再會時，這雙大手的溫熱已隨著靈魂消隕，安靜遠走。

說起小冬瓜以「單程旅行社」的概念照顧往生者，這發想沉澱於父輩時代殯葬業曾經歷過的混亂時期。早期治辦喪儀多由家族和地方耆老為主要依歸，近代小家庭興起，許多傳統細節在世代間散失，喪禮的規則反而無法對稱流通，價格的差距也無一準則，黑道把持產業的傳聞一度甚囂塵上。

產業的變化在小冬瓜成長的三十年裡親身目睹，兜轉之間，他也曾質疑過自己投身這行的初心。在父親彌留的病榻前，醫生告知小冬瓜，郭東修即將陷入恆長的深眠狀態，他心裡最後一縷倔強蒸散在死亡面前。雙膝跪地、水霧滿布視線的他，淚眼模糊間仍清晰記得自己對著父親道出深重的告白，而在下個滿月來臨前，父親業已離去。

以為這就是「冬瓜行旅」的開端，其實父親離世後，郭憲鴻前期也曾一度掉進黑暗的低潮旋渦。原一手捧起父親早年打拚的禮儀公司，小冬瓜卻在經營三年後發覺自己與股東之間的理念相去甚遠，被迫背債離去。

事業的谷底看似晦暗，但幽谷裡的寂靜卻騰出更多郭憲鴻與自我對話的空間，「當你真的歸零之後，才會發現接下來的人生是為了自己而活。」對於殯葬業熱愛的初心像巨石投進谷底，發出撼動內心的聲響。這個在奠儀和金紙堆裡打滾長大的孩子，把兒時記憶堆成柴薪，將對傳統的心惜撚成火種，燃起對於殯葬業真正的至情。「我希望透過冬瓜行旅這樣的名字，降低人們對於死亡的恐懼。如果這個事情我們不去改變，未來大家面對喪禮只會越發覺得它沒有意義。」在獨處裡理清了思緒，再出發時的小冬瓜已非同以往，他決定帶著「殯葬新旅社」的想法東山再起。

繁瑣重複的禮俗裡仍有少見之事，小冬瓜曾服務一位遠從美國回台為胞弟奔喪的客戶，在好不容易爭取到的短期喪假裡，客戶得抓緊時間完成龐大的治喪禮俗。道法科儀常是以形代意、以意代法，然傳統民俗仍常見以一百零八朵紙蓮花縫於「萬」字之上，織就棺罩上被，或是安放於棺木之內。在靈前跪拜時，小冬瓜見著這個客戶難掩悲慟，但不見掉淚，卻在他獨身一人上桌摺蓮時，手足無措地崩潰大哭，「我不懂蓮花的正確摺法，這百朵紙蓮，我實在是摺不完……」話語既出，頓時讓在場的人啞然失笑。

挽起袖子，準備趕在葬儀社拉下鐵捲門前，共同協助客戶催生這一百零八朵紙蓮，小冬瓜一邊將客戶的話聽進耳裡，新的靈感也同時如蓮花初綻，開出他對喪葬儀式的不同想法。從事喪葬行業近二十年，他益發看見許多事並沒有所謂的標準答案，傳統禮俗有其古典的文化祝福蘊含在內，探其究理，多有前人的智慧藏於其間，但原本因應大家族人丁繁盛而傳承的儀式，走進如今的小家庭模式，也讓小冬瓜思考起當代治喪是否有著更多變通和多元的可能性。

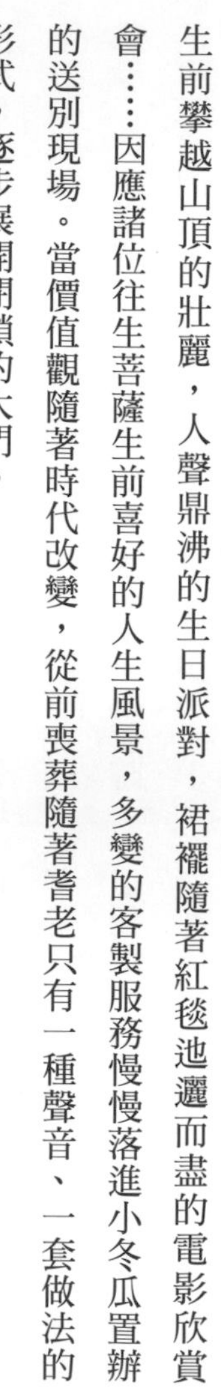

生前攀越山頂的壯麗，人聲鼎沸的生日派對，裙襬隨著紅毯迆邐而盡的電影欣賞會……因應諸位往生菩薩生前喜好的人生風景，多變的客製服務慢慢落進小冬瓜置辦的送別現場。當價值觀隨著時代改變，從前喪葬隨著耆老只有一種聲音、一套做法的形式，逐步展開閉鎖的大門。

二〇二〇年三月，小冬瓜開始架起攝影機，端坐在鏡頭前。他語調和緩，邏輯清明，開誠布公地講解起治喪時的各種現代禮俗和傳統禁忌，融合自身執業的親身經驗，帶觀者慢步而過資訊不對稱的鴻溝。「死亡的本質其實並不可怕，可怕的是我們不知如何安放迎面而來的惶惑。」

不論是預備而來的離別，或在事件裡的倉促而去，當與親人道別的時刻真實臨頭，依舊沒有任何心理演練能取代這一刻來臨時的負重。但郭憲鴻正用著自己的方式，嘗試讓家屬在這條人生必經之路上，稍微走得不那麼毫無所備，也用更多訊息的力量和對傳統儀禮的再詮釋，讓治喪的親屬找回選擇權。

這是小冬瓜的殯葬革新運動，身在其間的他超越了傳統的送行者，更像一個行為藝術家。即使同行對此偶有不以為然的聲響，但小冬瓜從郭東修手上接過的期許，如同一把撐開天地的大傘，為家屬茫無頭緒的心情遮蔽風雨，也為他在這條獨特的道途裡前行時，闢出更加開闊的揮灑空間。當這麼想時，革新路上偶有的陰雨，早已輕悄地從傘面蒸散。

「陪伴了多場生死別離，心裡最大的感觸是，人即使一輩子盡享富貴長壽，最終都是白骨一盤，無人例外。」有限的時光透著及早把握當下的寓言，小冬瓜擺擺手，說起當這個世界與自己訣別時，他渴望與傳達仁一樣，對生命的自然運行無懼以對，「我想對這個世界說，即使有遺憾，但也沒關係，至少這一趟我玩得很過癮。好了，我們再也不見了，Bye bye！」

# 裁判

## 執法三千場
### ——見證棒球世代變遷的鐵面判將

球迷喧囂的鼓譟聲海嘯般淹沒環形球場，波波聲浪將場上選手推向眾人矚目的焦點，當聲浪漸次潰下，人潮持續走散，又有多少人曾想起站在壘包旁最無聲的英雄——裁判。

在場上，他們是維持比賽順利的執法者，一旦判斷失準，便可能成為公眾平台上任人批判的羔羊。裁判生涯的光榮與黑暗，在面罩底下幾乎無人知曉，卻可能雕塑出生命最偉岸的模樣。

中華職業棒球大聯盟賽務組副裁判長蘇建文，在二〇一九年六月三十日，一場中信兄弟與富邦悍將的補賽中，擔任一壘審，並完成了生涯裡第三千場的執法，成為中華職棒聯盟史上第一人，至今仍持續突破個人執法紀錄。沒有人知道，這位裁判長並非體育科班出身，直到而立之年才半路出家，成為球場裁判。

一九九一年為中華職棒元年，蘇建文隔年便以裁判身分正式執法，生命路徑幾乎與中華職棒的發展軌跡重疊。小時候在排球隊的經歷，無意間醞釀出蘇建文對體壇的興趣，就在中華職棒開打頭一年，他與妻子看完球賽後，無意間看到中職刊登的一則裁判職缺廣告。雖然與上班族朝九晚五的工作型態大不相同，但妻子不斷鼓勵他轉換跑道。

生命猛地來到轉彎處，蘇建文看著徵人啟事上「棒球國手尤佳」的條件，想起自己並非科班出身，更沒親身接觸過棒球，當下回應：「你不要開玩笑。」也許是感受到另一半內心的猶疑，妻子沒有放棄勸說，告訴蘇建文：「如果你是科班出身，去應徵這個工作而沒有考上，那才叫丟臉。」沒想到，蘇建文自兩千張履歷中擠進三位錄取名

額的窄門，順利考取執照，就此展開裁判生涯。一晃眼，就是近三十年的黃金歲月。

平坦的棒球場，整齊劃一的觀眾席並列排開，蘇建文步出後台，點頭鞠躬，戴上黑色鴨舌帽後，獨自於場邊暖身。凝結的面容，恍若支撐著漸次瀰漫的賽場壓力。裁判的任務是維持場上秩序，他所做出的宣判更是最後裁決的依歸，在球場上占有舉足輕重的地位。然而，裁判也是份吃力不討好的工作，不僅得倚賴自我判斷，在球迷關注下更是不得失準；熟稔規則是基本，近四小時的賽程裡，專注力不得懈怠，跑位移動更講求體能的續航力。

現今的職棒公開甄選儲訓裁判，得歷經筆試與術科的考驗，其中包含敏捷反應測試、折返跑、衝刺等多項體能測驗，另還得模擬作為主審、壘審裁判所需具備的基本動作，以及裁決時臨機應變的能力。如今裁判已有一軍、二軍的劃分，但早期並沒有二軍養

成期，蘇建文形容起初就像趕鴨子上架，僅能自動自發地琢磨學習。

裁判的養成之路不好走，從賽前緊跟著學長的帶領練習、參與日籍教師開設的課程，到正式比賽時，眼睛盯著場上狀況，耳朵不斷吸收指導老師的解說。頭一年，蘇建文像海綿般大量吸納實戰經驗，爾後前往日本四國，在職棒營地接受近一個月的密集訓練。熬過一年多的培訓，仍得站在線審崗位，隨著經驗積累才能逐漸接觸三壘、二壘、一壘，最終成為主審。

除了得歷經體能培訓，這條路走來更像是一場馬拉松式的心理肌力訓練。長跑近三十年的執法歲月，蘇建文每到賽前就是面罩、護具全副武裝，伸手比畫的裁決手勢清晰而俐落。然而每當站上賽場，總難以躲過球迷護主的壓力，來自場邊或網路四面八方的咆哮無可抵擋。

回想起全場靜待判決的時刻，眾人的目光已箭在弦上，裁判即是標靶的中心點，蘇建文說：「還沒知道答案的時候總渾身不自在，因為你會想相信自己判的都是對的。」而當結果與自己的判斷相左，他形容心情就像是從雲端跌落谷底，也自責沒把工作做好。面對外界聲浪，蘇建文坦言裁判通常是有理說不清，不少苦衷也只能往肚裡吞，家人是他這些年無畏向前的後盾。

賽場上，一翻兩瞪眼的輸贏結果難以容下絲毫差距，棒球比賽也不敵科技浪潮，隨著影像技術進步，陸續引進電視輔助判決系統，恐怕撼搖裁判地位。但蘇建文仍然抱以樂觀態度，認為裁判不至於被取代，國際比賽之所以成立這樣的機制，是因為不希望完全由一位裁判左右最後結果。

此話也不是毫無根據，賽場上球員、球迷與主審為了比賽結果相互制衡而洶湧出的濃烈情緒，不也在往後成為大家閒話家常的記憶點。蘇建文說，「誤判也是棒球的一部分，也有很多人喜歡看裁判承受教練、球迷的抗議，我們自己也是當樂趣。」

每場比賽除了排山倒海的裁決壓力，首當其衝的安全問題更是一大隱憂。裁判配備的護具，從面罩、護胸、護膝到專屬用鞋，看似一應俱全，卻仍難逃百密一疏。蘇建文說最害怕的就是打到手臂或大腿，因為這兩處沒有護具能抵禦外來危險，而長年執法也導致他罹患脊椎骨刺、左小腿肌腱撕裂傷。

最令他印象深刻的一場職災，是一位同為中職裁判的學弟在擔任主審時，被突如其來的擦棒反彈，球重擊至外生殖器。當時只見主審在場內面部猙獰地滾了三圈，渾身冷汗直冒，倒地不起。幸好當下貴賓室內正巧有一名醫師，緊急處理才發現「命根子」已經往內萎縮，硬是將它拉出來才保住。

●

人生歲月幾乎奉獻給中華職棒，隨著經歷積累，他受到世界棒壘球總會青睞，也到國際賽擔任執法裁判，常得配合賽事前往各地出差。然而每每回望內心，作為一名父親和丈夫，自知在妻小最需要他的時候總是缺席，冷峻的外表下顯露出多年積累的愧疚之情。

蘇建文想起家中唯一愛子進入叛逆期時，沉迷網咖不肯回家，更曾與人發生肢體衝突，妻子為了讓他好好工作，選擇獨自承擔。講起事業侃侃而談的他，提到家庭，深

知妻子獨自育兒的壓力，千言萬語頓時哽在喉頭，空氣裡凝結著缺席家庭時光的懊悔。

在場上，裁判擁有絕對的判決權，在場外，卻容易淪為外界公審對象，然而裁判能精準執法，其背後所需要的職能養成需求是否受到正視？為了提攜後輩的場上實務經驗，蘇建文在臉書創辦社團，成為國內裁判相互交流、討論規章及判決的平台，也會親自參與討論，無私分享過往經驗和觀點。不過他仍期待國內能成立「裁判學校」，建立起正規的教育系統，現階段他僅能鼓勵新人前往美國的裁判學校，學習更正規而有系統的認知觀念。

一九九二年三月十九日的中華職棒開幕賽，是蘇建文執法生涯首日。當年腳下第一個賽場就是台北市立棒球場，隨著歲月更迭，該棒球場已於二〇〇〇年拆除，成為台灣棒球史上永恆的精神指標，惟蘇建文仍像棵長青樹，持續奉獻體壇。問他假使下輩子再次回到那個人生抉擇的交叉口，還當不當裁判？蘇建文笑了笑，答案呼之欲出：「我曾經試過、曾經玩過就好了。」

# 金工

## 鞋底沾金粉——見證過經濟奇蹟的金工匠

金工這行，身在小小的工作室裡，就能感受到大社會的經濟脈動。過去社會的富裕程度，溫清隆仍記憶猶新，「民國八十三年景氣正好，客人要求要鑲在戒指、項鍊上的碎鑽，動輒四、五十顆。」一張單做完，後面還有四、五張單在排隊，要是再碰上逢年過節、宜嫁娶的好日，還得加班趕工，每天銀樓關店前清掃，都能掃出大量的細碎金粉。那是一個鞋底沾金粉、「鑽很多」的年代。

「金工」這個詞是近十年才有的稱呼，早期金工師傅大多被稱作「打金仔」（phah kim-á），他們將金屬原料如黃金、K金、白K金、純銀，加工製成墜子、鑽戒、手鍊、手環等飾品。以前要入這行，大多得找到門路跟著老師傅學，以傳統學徒制來說，得經過三年四個月的磨練，才能算真正出師。溫師傅出師後做代工三十多年，如今在三峽甘樂文創聚落創立個人品牌「三藝金工」，接受各種客製化訂單。

工作桌上的小檯燈發出光亮，映照著桌面工作區，溫師傅將貴金屬放上鐵砧敲敲打打，一手拿著火管鑄燒金屬，再慢慢塑形，細緻地雕刻出飾品形狀。過往千錘百鍊的日子練就無比耐性，在他身上感受不到一絲銳利氣質，就如未經鑽飾妝點的貴金屬般內斂，他說話的語速也慢慢的，就像金工要做得細緻，急不得。

十三歲時就拎著皮箱到外地當學徒，「當時不喜歡念書，也沒有太多想法，既然媽媽問要不要到舅舅那學個技術，我也就去了。」其實他沒少聽過前輩們的「恐嚇」，原

「三藝金工」創作職人 溫師傅
「好手藝不該被埋沒」
金工

先就知道當學徒的日子將會非常辛苦，學技藝之外，還有各式各樣的雜事待菜鳥接招，且久久才能返家一次。但當時的少年沒因此卻步，國中還沒畢業，他就離家住進了珠寶店，成了金工學徒。

當年溫師傅待的珠寶店裡，有三個老師傅，只有他一個年輕學徒，可以盡情地向老師傅請教。即使店裡的訂單多數是依照客單製造，沒有太多的個人創作空間，但魔鬼就藏在細節中，在每個師傅看似大同小異的製作步驟和工法中，仍蘊含各自的做事辦法和創作思維。三年多後的某天，舅舅正式擺席請大夥兒吃飯，宣告當年的傻小子初出茅廬，從「師仔」（意指學徒）出師，成了大家口中的「少年師」，意味著可以離開珠寶行，去經營個人事業了。

回想那段出師前的日子，溫師傅一點都不覺得苦，反倒非常知足，「以我來看，我去老闆那裡學東西，包吃、包住，老闆還會付我薪水，我已經覺得非常幸福了。」每個時代背景下容易養成不同的世代性格，在溫師傅身上，是一種勤奮又憨厚的特質。或許也是這種不計較、懂得感謝別人的態度，讓師傅們願意將畢生功夫無私地傳授給他。

溫師傅解釋，其實大部分的工法大約兩年就能學成，剩下的一年四個月則是對店家的「報恩」之情，「總不能學一學馬上就走，我覺得那樣是不對的。」三十幾年來，真正熬過三年四個月出師之路的學徒，以溫師傅身邊的人來說，不超過五個。

後來，溫師傅到舅舅另開的工作室裡做代工。通常由珠寶行接單之後，才會委託他們製作成品，一般來說不會參與設計討論，也不會跟客人有所交集，幾乎就是埋頭努力做出符合訂單需求的成品，「每天上班、下班，不太會跟客人有實際接觸的機會，沒有創作空間，心裡還是會覺得有些可惜。」

匠人的培養之路上，幾乎沒有機會能獨立設計作品，唯獨面對人生中的重要大事時，象徵心意的信物當然得自己來了。溫師傅的浪漫，就是手工打造了一顆鑽戒給太太，用巧緻的邊框包裹閃耀鑽石，「但她結婚之後都沒有戴過耶，我問要不要改成項鍊讓她戴著，她也不要……」喃喃道出疑問，我們推敲或許正因這份禮物實在太貴重，怕弄丟了才不想隨身戴著，溫師傅聽聞後靦腆地笑了。

金工在台灣經濟奇蹟的年代，曾經有過最燦爛的一頁，但到了民國九十六年，景氣快速衰退，大眾對於奢侈品的需求快速降低，金工師傅們一個月往往只有十五天工可以做。有單能做已經算是幸運，更多的是接不到單，師傅得提前退休或被迫轉行。溫師傅也沉潛了好一陣子，儘管不捨，為了生計也只能放下幾十年的工藝，離開崗位到肥皂品牌擔任門市人員，直到幾年後經濟復甦，才又重回老本行。而這次的再出發，也給足了他轉型、追夢的決心。

幾年前，正逢「甘樂文創」在尋找願意駐點三峽的在地藝術家，溫師傅決定進駐老空間，經營自有品牌「三藝金工」。回首過去經歷，溫師傅體認到沒有白走的路，雖然曾短暫離開金工，但在肥皂門市的那兩年改變他很多。過去做代工時幾乎不會跟別人接觸，就是悶著頭默默做，但那兩年的銷售經驗也帶來了口語表達的訓練，培養起與

人應對的能力，對現在經營個人工作室幫助很大。

除了接訂做客單之外，他也經常受邀參展、自行創作，有更多發揮個人創意的空間。不僅自行開發貴金屬湯匙、金屬茶壺，由於熱愛大自然，溫師傅也將平面的金屬原料以重重工法製成立體的甲蟲、落葉等藝術品。這些全手工作品遠看閃現光澤，細看細節充滿童趣，匠人不凡的火候將昆蟲的姿態表現得維妙維肖，不帶一點俗氣的商業氣息。

以現在的工具和技術，再細緻無瑕的飾品都能被機器精確地製出，但手工的餘溫仍令人懷戀，不極致完

美的樣貌反而更接近真實。三藝金工也開放民眾報名手作課程，有小學生跟著媽媽一起來替爸爸做父親節禮物，也有許多情侶前來製作對戒送給彼此。從幕後走到幕前，溫師傅很享受這種與人交流的時光，十坪的工作室，是熱愛金屬藝術者的交會點，他們將洋洋灑灑的心意鑄燒成小而美的配件，渴望收到的人能明白箇中甜美的心意。

# 廟宇文創

## 文創，不是創意的複製

### ——宮廟也能又潮又chill

把一處歷史久遠、逐漸凋零的聚落修葺整建之後，賣咖啡，賣公仔、手作商品或T恤——很多人以為，這就叫文創。「文創」是過去十年最受歡迎又流行的話題之一，然而只求其形不求義的複製下，所謂的文創到最後彷彿只剩下商品，而失去了背後的文化意涵。

「其實文創不該只是如此，它應該從內涵出發，透過更完整的理解，為傳統文化賦予更新的意義。」在不斷汰舊換新的現代化社會，卻有一個不到三十歲的年輕人反其道而行，醉心於台灣宮廟信仰之美，立志保留精緻華美的傳統廟宇文化。

有感於在現代人的印象裡，廟宇信仰幾乎和燒金紙、陣頭、滿天飛舞的鞭炮畫上等號，背後那分尊敬天地的精神卻日漸被遺忘，從小就接觸宮廟、幾乎可以說是被香火薰陶長大的林豪仁，決心把自己在國外所學的行銷概念帶回台灣，注入廟宇文化。

美國求學期間，林豪仁就發現外國同學特別喜歡某些東方的特有標記。比如佛教的卍字，即使他們並不了解意思，依然會把類似的符號或飾器帶在身上，理由是「很漂亮」。東方宗教對西方人產生的吸引力，也激發了林豪仁的想像：也許可以由他來為宮廟做更有系統的整理和介紹。就這樣，一個喝過洋墨水的大男孩，自言因為「冥冥中注定的力量」，在創業後慢慢捨棄許多更新穎、更現代的主題，開始投身廟宇文創。

美食家
油炸專用油

在台灣，每當出現新穎事物，人們便一窩蜂跟風是常有的事。廟宇文創也沒逃過Copy文化的侵襲，往往一間廟推出某項產品，其他廟宇也輸人不輸陣地跟上，例如「小神衣」，光是這項神祇的周邊商品，就有難以計數的廟宇推出。「到底這東西第一個是誰做的？沒有人在意。」但這沒有人在意的事，正是林豪仁所在意的。他堅持，不管從事哪一種文創事業，都該先認識背後的文化底蘊，傳統民間信仰尤其如此，「一味跟風沒意義，那都只是別人的故事。」

故事和特色很重要，林豪仁以和北港朝天宮的合作為例，他請來台灣在地的工藝家，開出以台灣地形為造型的模具，再運用流煙倒流的特性，做出香火繚繞台灣的效果，象徵媽祖庇佑著台灣。而朝天宮長年都有信眾組成的「千歲團」在義務性手工縫製香火袋，林豪仁便將倒流香跟香火袋結合，做成廟宇的官方商品。在林豪仁帶領的團隊共同腦力激盪下，香灰也能二次創作，這大概是廟方人員怎樣都想不到的。

「文創說簡單一點，就是靈感的產出。把舊有的東西透過新的手法去詮釋，這些都離不開生活。」林豪仁確實將這樣的信念展現在了實體文創產出上，但話用說的簡單，實際上他也在過程中吃足了苦頭。與廟方合作，最困難的不是設計或創意的發想，而是如何與廟方幾乎是父執、公字輩的工作人員順暢溝通。長輩們乍聽一諾千金、總是撂下一句「就這樣定了！」的說話習慣，起初讓林豪仁收過不少空頭支票，更別說傳統廟宇人員的保守心態，要說服長輩認同創新觀念，何嘗容易。

廟方最常掛在嘴邊的一句話是：「這樣做對神明不尊敬。」這句話就像一把尚方寶劍，讓林豪仁完全無法招架。他開始自省，相對年紀較大的廟宇工作人員和信徒，自己確實跑得太前面。一邊溝通、一邊調整自己的步調後，漸漸地也能認同對方的觀點，認清若只是為了跟上時代、為了創意，反而失去傳統文化的價值，甚至讓人們產生對神明不敬的負面觀感，那樣的產品是沒有意義的。「這樣的文創是失敗的。」在這場沒有誰輸誰贏，只有相互理解的觀點對決下，林豪仁扎實學到了一課。

而在溝通過程中，還有一個關卡是林豪仁很難跨過去的：台語。林豪仁抓抓頭，坦言雖是土生土長的台灣人，會聽也會說台語，但這門語言博大精深，各地「氣口」大不同，還有大量俚語，好幾次跟中南部的宮廟人員往來時，無論要溝通產品概念或閒聊，他都陷入不知道如何接話、只能傻笑的窘境。最後，林豪仁乾脆請個翻譯隨行，只是人家翻譯都是翻異國語言，但林豪仁的隨行口譯是為了台語，無可避免地要被老人家們虧個幾句：「這樣還敢來宮廟談案子?!」

此外，長輩們不擅通訊軟體，一旦發生問題需要溝通，就要殺到中南部去解釋。所以，與中南部的宮廟合作後，團隊們往往不是在宮廟，就是在前往宮廟的高速公路上。林豪仁和同事間常常開玩笑，在高速公路上的時間都比在辦公室多，到底哪個才是辦公室?!

來回奔波的辛苦不在話下，但真正不容易的，還是地方廟宇人事派系的眉眉角角。有人的地方就有江湖，每座廟宇在地方上都可以稱得上是政經中心，匯集了各種龐大勢力，內外交相賊的情況可比無間道。有次，林豪仁帶領工作團隊到南部的某座宮廟，花了大半年的時間總算說服了兩個彼此針鋒相對的派系同意提案，已經走到開模製作的階段，卻又迎來一句「我們還是覺得這樣不好」而被否決。後來才知道，廟宇內有不同勢力從中作梗，不想讓贊成的一方得利。

麻煩的情況很多，但林豪仁並沒有氣餒，他深信廟宇的主事者都有改變的決心，只是

還需要時間。即使提案被否決了，林豪仁還是會和廟方人員泡泡茶、聊聊天，搏個感情，「也許有天他們會接受我的提案。畢竟我們不只是為了自己的事業打拚，我們最想做的，還是宣揚台灣的廟宇文化。」

當初秉著藝術創新、守護傳承、龍的傳人這三個精神而創立「藝守龍」，林豪仁與整個團隊在固守與創新之間，仍有許多課題需要克服。但從兒時跟著父母一起到宮廟參拜，到現在為了守護故鄉的傳統文化而奮鬥，林豪仁很自豪自己的選擇，也期待能結合更多文化故事，讓廟宇文創商品又潮又chill。

# 轎班

## 眾神賜駕照
### ——肩扛諸仙，扛轎巡鄉去

他們一步一腳印地走著，走在熱鬧之後，走在寂靜之中。他們的雙肩扛過黑夜，挑起了黎明，他們是神明的司機——他們，是「鹽水關督府轎友會」。

這個由高育群領軍的轎友會，是一群熱愛廟會活動與傳統文化的人士，他們自掏腰包，花時間、出體力，就是要為神明服務。「轎子就是神明的交通工具。」這群轎班人員自詡為神明的駕駛，扛著神轎協助神明遶境，四處巡視，保佑大家平安。

沒有家將陣頭的炫爛氣勢，也沒有電子花車上跳著熱舞的辣妹，但高育群與轎友會的成員從來不在乎眾人的眼光。秉持著為所有相信神明的鄉親服務的精神，他們甘願承受肩上的壓力與腳下的疲勞，曾經凌晨兩點還在遶境，所有人都累壞了，但一進市區，看到許多長輩還很虔誠地拿著香恭迎媽祖、太子爺的神轎，一行人精神又來了。看到信眾等待神轎經過的那一幕，讓高育群更加確定轎班身負重要的使命與其存在的意義，「如果我們沒把神轎扛過去，很難對這些等到這麼晚的長輩交代啦。」

關督府轎友會成立迄今二十年，當年只是一群小朋友的興趣，甚至可說是遊戲，沒想到一路走來，當年那群孩子們已把扛轎扛成了使命與榮譽。「我們這群『逗陣欸』從小就對廟會有興趣，也都在廟旁邊玩耍，你也可以說我們是在廟埕長大的。」因為熟悉廟宇的一切事務與活動，所以開始從遊戲中學習模仿，又因為愈做愈有意思，開始想要像大人一樣扛著神轎，陪神明四處去巡視。於是，幾個「逗陣欸」開始有計畫地存錢，希望能買一頂神轎來練習。

在同儕有錢就去ＫＴＶ唱歌、買遊戲、買機車、遊玩逍遙的時候，高育群和好友們一心想的，卻是集資買一頂神轎。就這樣，你出一點，我出一點，幾百、一千地存錢，日積月累下，總算有足夠的資金訂製一頂小的鐵架神轎。「轎子剛送來的時候，大家開心得要命，好像買了什麼豪華跑車一樣。」高育群笑了起來，「我們九個人就扛著這頂轎子開始練習。也就是從那個時候開始，我們開始參與廟會扛轎的工作。」

那一刻，也開啟了高育群參與廟會事務的人生。轎班在台灣廟會中，有所謂職業轎班，也就是以此營生的，另一種就是像高育群的轎友會這樣，以興趣與為神明服務的心來扛轎。神轎分有文轎與武轎，文轎載送的是女神明，武轎反之；扛文轎要穩健，武轎則是要有氣勢。「扛轎最重要的是默契。八個人扛一頂轎子，要扛得好看，步法一定要走得順，要有默契，不然這頂轎子扛起來會『二二六六』，不是亂晃，就是卡卡的，轎子晃動的幅度就不漂亮，當然坐在上頭的神明也會覺得不太舒適。」

身為神明的司機，高育群也能感受到神明的意志，「神明一坐上轎，馬上就會感受到重量變得不一樣。這不是心理作用，真的會馬上感受到肩頭一沉。」所以，每次要扛轎之前，高育群都會燒香祝禱，除了祈求神明庇護路程平安外，也希望神明在坐得舒服之餘，讓扛轎的大家可以有點喘息的空間。「通常神明都會很配合，每次當我們覺得肩頭沉重，下一秒就感覺變輕了，這是神明在體恤我們的辛苦。」

內心保有一分敬意是重要的，曾經有一組轎班在扛轎時，對一尊地藏王菩薩的神像隨口說了一句：「沒有多重嘛！」結果這組轎班扛得叫苦連天，「抬都抬不動，一路上唉唉叫，這就是因為他們缺乏敬意，才會被神明處罰。」

扛轎到現在，參加北港媽祖下府城的廟會活動，是高育群最難忘的一次經驗。那次一行人去扛新營太子廟的神轎，共五天的行程，足足走了三十六個小時。會這麼辛苦，主要是因為轎友會的成員並非以扛轎營生，都有各自的工作，也不見得全員都能請假去扛轎。那次的遶境，就只有十多個人頂著，而這一頂，就是三十六個小時的路程。「累到倒下就睡著了，走到腳都沒有知覺。但想到有那麼多信徒在等待，咬著牙也要撐下去。」

很多人以為扛轎的重點，不外乎腳的肌力與耐力，但其實從肩膀就能看出一個人是不是扛轎的。「扛轎扛久了，肩膀會突起來，腫成一顆球。就像我的肩膀這樣，會突出一塊硬硬的部分。」高育群拉開衣領，露出背後肩頸隆起處。

其實不用特別露出來，隔著衣物也能明顯看到肩膀不正常隆起的形狀。顯然經歷過他人難以計數的疑問，高育群笑笑地說：「我知道，你會覺得有點畸形。」的確，那不自然的身形看起來頗有鐘樓怪人加西莫多的影子，但對熱衷於扛轎的高育群而言，那卻是「神明賜予的榮譽」，也是勳章的象徵。肩膀經年累月遭硬物壓迫，因而日漸突出成這樣一塊類似繭的部位，版型正常的衣服穿在扛轎人身上，總是顯得歪斜而不符身形。有些人認為這扛轎的代價也太大了，但高育群不以為意，堅定而自豪地將這扛轎人獨有的印記，視作為神明服務才會有的標誌。

扛轎的工作是孤寂的。廟會再熱鬧，扛轎者從來不是大家眼光的焦點，「我們扛轎的一定沒有什麼場面，就只是一頂神轎扛著走過去而已，大家要看的都是陣頭或跳舞的辣妹。」這就是轎班，沒有華麗的排場，只有堅持到底的信念。對轎班而言，不管是大馬路、鬧市，還是杳無人煙的田埂、魚塭，都是他們要去服務的地方，不能因為那裡沒人或巷子窄小、難調頭，就不進去。「那些地方是神明要去的，我們只是順從神明的旨意辦事，所以再累、再熱，腳再怎麼痠，肩膀再怎麼痛，就算沒有人看你，都要扛下去。」

腳踏七星步，肩扛千斤轎，這就是廟會中最無聲的陣頭。擁有神明賜予的駕照，堅守與神同行的信念，高育群與鹽水關督府轎友會成員們所扛起的，不只是神像，還是世人虔誠的信仰。

【旗袍】
【雞毛撢子】
【釘蹄師】
【紙獅頭】
【製墨】
【鴿笭師】
【神像修復】
【製棺】
【烘爐】
【鰻魚飯】
【戲偶師】
【將帽師】
【刺青】
【光劍】
【製材】

輯二

# *kāu-kang*

# 厚工

# 旗袍

## 穿汗衫做旗袍
## ——《刺客聶隱娘》的御用旗袍師

華麗的色澤，閃耀著動人的風采；俐落合宜的縫製，剪裁出翩翩的纖細。從髮髻到眼神，從肩頸到腰身，那樣的儀態萬千，如此柔情綽態，舉手投足之間，盡是婉約。這是旗袍帶給女人的雍容與風情，也是陳忠信身為旗袍師傅的最高榮耀。

陳忠信的「玉鳳旗袍店」位於台北市迪化街，隱身在霞海城隍廟對面的巷弄裡。店頭櫥窗展示著一個被太陽晒到有些泛白的假人模特兒，踏進店裡，腳下是簡樸的磨石子地板，工作桌與裁縫車占去不到十坪的大半空間，從天花板拉下的古式熨斗，整個場景讓人感覺像是走進泛黃的古老相片。

「旗袍能展現出女人特有的美麗線條。」拿著量尺的他，專注地為眼前客戶量身，「每件旗袍都是女人特有的美麗密碼，我就是努力讓女人展現她自己的美麗。」

今年六十七歲的陳忠信，做旗袍已五十多年，當年父親從中國來台，開了這家旗袍店。店裡生意好，從小耳濡目染之下，他也開始學習製作旗袍。「我就是傻傻地學，別人學三年，我要學五、六年。」這或許是自謙之詞，但從父親那裡繼承來的技術可不是開玩笑的，也因而練就了一些獨門功夫，比如說：肉眼掃瞄。

每當客人上門，陳忠信第一件要做的事，就是「掃瞄」。多年的經驗讓陳忠信一眼就能看出客人的身體形態，腦中立刻浮現對方穿著旗袍的樣子，「從頭到腳，有什麼比例要調整的，都要了然於胸。」也只有如此，才能滿足客人的要求，「我希望她們穿出該有的美麗，這是我最開心的事。」

曾經有個懷孕四個月的客人找不到結婚禮服，找上陳忠信為她量身訂製旗袍，「就是

魂

想藏肚子啦！」這樣的任務難不倒陳忠信，「掃瞄」了對方的身形後，他在心裡盤算：光面布料一定要避開，否則燈打到布料上，反而凸顯了肚子。就著這個原則選好布料，再配合花紋剪裁縫製，製造出視線上的錯覺。就這樣，多方運用長年累積的經驗，即使是孕肚，在陳忠信的一雙巧手下也能被技術性地遮飾大半。

●

早年旗袍業有過非常輝煌的時期，過去大稻埕一帶酒家多，很多在酒家工作的女性都需要訂製旗袍，加上同在迪化街的永樂市場是當時台灣數一數二的布市，位處周邊黃金地段的玉鳳旗袍生意當然也很好。

旗袍業在當時很賺錢，在所有的行業中，旗袍師傅是薪水極高的工作，使得製作旗袍一度成為人人稱羨的職業。陳忠信拿出一只戒指，「這個叫做裁縫戒指，要推針的時候頂在戒指上，手才不會被針刺到流血，推的時候也可以比較有力。」這乍看不起眼的一枚戒指，並不只是裁縫工具而已，還是身分地位的象徵。陳忠信說，以前只要戴上裁縫戒，大家就知道你是做旗袍的，到酒店消費戴著它，店家就會讓你賒帳，足見當年裁縫師傅在人們心中如何占有一席尊貴地位。

後因道路拓寬，大稻埕很多店家被拆掉，酒家的生意也變差，紛紛轉往北投。「那時大家喜歡去北投泡溫泉，大稻埕的酒家生意沒落了，我們的好日子也跟著結束了。」歷經長達五年的低潮期，沒人上門訂製旗袍，陳忠信改幫陣頭「八將團」設計臉譜與陣勢，也曾到工地打工、改衣貼補家用。手中那枚象徵往日榮光的指戒，頓時成為觸景傷情的存在。

面對時代變遷，沒有太多時間去感傷，既然知道與時俱進的重要，改變就成為唯一的出路。讓旗袍升級成了陳忠信努力的方向，他開始運用新的材料，剪裁出符合新時代的版式，也加上腰線，讓旗袍更有立體感，將身形襯托出來。但努力歸努力，依然難敵成衣市場在價格上的競爭。「現在很多購物網站，上面一件旗袍才四、五百元，最貴也不過一千多元，我的旗袍作品一件都要上萬，這怎麼會有競爭力？」

面對每況愈下的生意，陳忠信決定換個想法，開始進軍電影界，為大導演製作戲服。那時剛好侯孝賢拍片愛用的美術設計黃文英老師找上他，委託修改電影《海上花》的服裝道具，陳忠信也幫著做了一兩件戲服。因為做工精細，陸續有電影、舞台劇劇組上門談合作，像是《金屋藏嬌》、《梁祝》、《傻瓜村》、《蘭陵三十》、《情人哏裡出西施》等劇，都有陳忠信參與其中，就連楊麗花也有找他做過旗袍。不過，讓陳忠信一夕爆紅的，當屬侯孝賢的《刺客聶隱娘》，電影中人物大部分的服裝都是交給陳忠信製作，該片也讓黃文英一舉拿下金馬獎的最佳美術設計與最佳造型設計。

其實為電影製戲服是很辛苦的，畢竟電影要求的效果，往往比一般旗袍製作要困難且

精細更多。但陳忠信說，要接下什麼案子他並沒有太多設限，也沒有太多的條件，就是很廣泛地接下這些委託，「我知道自己的技術能做到這些電影人的要求。」在與侯孝賢導演合作《刺客聶隱娘》時，他更是以「超前部署」的概念去面對。

雖是一次重大的合作，但提到與侯導、黃文英等人的合作，陳忠信重重地嘆了一口氣，坦承也曾有過「不想努力了」的念頭。面對黃文英的龜毛和講究，還有侯導追求的畫面意境，常逼得個性好強的陳忠信連夜研究。扛著家傳手藝的榮譽，面對侯黃連線，陳忠信使出各種工法應對，免不了有「被搞得很煩很火大」的時候，也曾想過反正自己又不靠做戲服賺錢，「電

影拍出來怎樣，關我什麼事？」

籌劃一部電影畢竟非同小可，常常要耗費大半天討論、熬夜加班做戲服，才能達到黃文英的標準。到後來，連太太聽到黃文英要來，都「嚇到躲起來」。但職人骨子裡不服輸的精神，還有對手藝的自負，讓他決定堅持到底，「我常被他們刺激到，一直在想怎麼研發，常常泡一杯即溶咖啡裝在保溫瓶裡，想到三更半暝。」

因為這樣的「磨練」，陳忠信之後在面對電影所需服裝的打樣圖時，要選用什麼樣的布料，都能準確抓到侯導等人的胃口，「侯導能想到什麼樣的程度，我就能做出來讓他看到，而且讓他心服口服。」

這就是職人的氣魄。對一位執著於自己手藝的達人來說，絕不允許自己的東西被嫌棄。雖然侯導對於專業很尊重，但要求難免會有，所以他更要花時間去找資料、做研究。當時為了《刺客聶隱娘》，他更著手研究唐朝服飾的綁帶，「這個不能自己亂做，要考究的。」其實做這樣的工作並沒有為陳忠信的旗袍事業帶來明顯的收益，而且要花的時間與功夫很多很多，但即使如此，旗袍魂熾熱燃燒的他固執地堅持本職，答應了的差事，就必然做到最好。

會開始接電影或舞台劇，都是為了尋找新的出路。很有危機感的陳忠信認為，天無絕人之路，重點是不要故步自封，「我們有這個技術水準，就要想辦法堅持下去，旗袍不能照傳統的做法，要懂得改變。」陳忠信的努力沒有白費，台塑三娘李寶珠就曾慕名來玉鳳訂製旗袍，就連奧斯卡金獎名導馬丁·史柯西斯也找他製作戲服。

這些名聲，讓陳忠信的人生有了更好的機會，與導演們的合作，更是讓他的旗袍事業再次翻紅。但即使如此，他仍習慣以前的生活，身穿汗衫和拖鞋，在狹窄的舊式店鋪裡，用同樣的針線、木尺、粉餅做衣服。在這小小的空間裡，我們見證了職人永恆的風骨。

# 雞毛撢子

## 五、六年級生的夢魘製造者
### ——像藝術品的雞毛撢子

電影《葉問》裡，葉問用雞毛撢子對決挑戰者的大刀，讓對手又吃雞毛、又被打屁股，彰顯出一代宗師的武藝，更打出一場令人拍案叫絕的決鬥。但能把雞毛撢子運用得如此出神如化的不只葉問，早期的台灣媽媽們更是箇中高手。許多五、六年級生一聽到雞毛撢子，想到的應該是從身上傳來的隱隱疼痛。

SPORTS

而對陳忠露來說，雞毛撢子就是他的一生。

走進彰化埔鹽鄉一處寧靜的三合院，略帶斑駁的土黃色矮牆傳來類似縫紉機的踩踏聲響，推開藍色鐵門，映入眼簾的，是一叢叢令人忍不住讚嘆的雞毛撢子森林。明明是冬天，步入陳家庭院卻能感受到一股暖意，兩側鐵窗插滿雞毛撢子的半成品，停放車子的鐵棚裡，也堆置著一箱箱的雞羽毛。這裡是陳忠露製作雞毛撢子的地方，也是全台灣碩果僅存的手工雞毛撢子作業處。

年逾七旬的陳忠露，蹣跚的步履扎實巡踏在這座森林之中，花白的頭髮與隨風起舞的羽毛交相輝映。黝黑的手腳上，不難觀察到上頭盡是因為製作雞毛撢子而留下的老繭，他搬起身後一只裝滿羽毛的箱子，以黏黏的海口腔台語說著：「做興趣的，嘸啥米功夫啦。」

但謙虛歸謙虛，陳忠露對自己做出來的雞毛撢子品質，絕對有信心。「我綁的雞毛撢子很漂亮、很好用，有的客人還會買回去當裝飾品，所以我可以做六十年，可不是隨便做做的。」

彰化豐澤村曾是全國第一的雞毛撢子生產地，如今只剩下寥寥幾家還在製作，而完全遵照傳統、一片片親手黏纏羽毛的，就只剩陳忠露夫婦。他已是台灣這項手工業的最後職人。七十六歲的陳忠露，以超過一甲子的歲月，讓雞毛撢子有了一生懸命的光輝。

以前的豐澤村，家家戶戶都在做雞毛撢子。陳忠露從國中畢業就開始跟著父執輩學習製作，慢工出細活，一天大約只能製作二十來支左右。雞毛比起鵝毛、鴨毛較無保暖作用，因此常常被棄置，陳忠露的父親就會將它撿回來洗淨、晒乾，再依羽毛的顏色和長度分類，製成雞毛撢子。

過去的雞隻多是放養雞，羽毛的豐澤程度是現在圈養雞無可比擬的，但近年來雞農為求利潤，飼養的方式數量先決，也導致雞毛的品質下滑。為了維持雞毛撢子的品質，陳忠露煞費苦心地找尋適合的雞毛，後來總算讓他找到以放養為主的雞農，其雞毛的色澤合乎陳忠露的要求，做成雞毛撢子後品質也一直很穩定。

老人家細細撫摸著這些雞毛撢子，串串雞毛撢子在陽光下昂首挺立，鳥羽隨風閃動著光澤。為了示範製作過程，陳忠露赤腳踩著棉線，左手轉動木軸棒，右手熟練地挑揀出合適的羽毛，將雞羽一片一片黏上木棒，同時轉動木軸、鬆開腳板，讓棉線緊緊纏繞住雞毛，就這樣一層層地緩緩疊織，蓬鬆到可以垂墜的羽毛之間幾乎看不到縫隙。一支雞毛撢子就此生成，華麗貴氣的靛紫色羽毛彷彿還有生命。

以前農業時代，每家都會養雞，殺雞留下的雞毛又長又美，尤其公雞的尾毛黑黑亮亮的，廟邊的乞丐就撿這些毛綁上竹子玩。陳忠露的父親看見了，覺得拿來除塵也不錯，就跟著乞丐學怎麼綁雞毛。於是，雞毛撢子就此誕生。

從十六歲開始，陳忠露就跟父親一起製作雞毛撢子，退伍後更迎來雞毛撢子的全盛期。當年雞毛撢子工藝的興起，與佛具、木雕業息息相關，因為原木需乾擦，不宜用沾水抹布擦拭，雞毛撢子成為最佳的清潔工具。而鹿港一直是傳統信仰的重鎮，加上有許多大型佛具店開設於此，所以陳忠露與父親常常在腳踏車上插滿雞毛撢子，騎往鹿港的佛具店和家具店銷售。

鄉下地方賣久了，也漸漸有些知名度，有些客人會直接找上門來訂製，舉凡高級私家車的駕駛、計程車運將，就連家家戶戶入厝、娶媳，都要買一支雞毛撢子來象徵「起家」。

「隔壁庄頭那個七十幾歲、已當曾祖母的老太太，當年陪嫁的那支雞毛撢子用到現在。」他邊說邊整理著雞毛撢子，自豪的語氣中，足見陳忠露不凡的手藝。「雞毛筅親像咱人共款，有咧用就袂歹。」他仔細端詳手中的雞毛撢子，繼續叮囑：要常晒太陽啦！洗的時候不要整支浸水，羽毛不會怕水，沖一沖、經常用，隔幾天晒太陽，愈晒愈漂亮，用幾十年也不會壞。

回憶當年的盛況，陳忠露說家裡忙到必須請二十多位女工來幫忙，而太太許金英就是當時的女工之一——原來雞毛撢子「起家」的含義是真的？陳忠露笑著說：「緣分啦，啊雞毛撢子也真的是媒人啦！」

雞毛撢子曾是豐澤村的明星產業，全盛期更是全村子都在綁雞毛撢子，直到吸塵器問世，市場對雞毛撢子的需求漸漸消失，只剩陳忠露夫妻堅持製作手工雞毛撢子，一轉眼也就快一甲子。客廳牆上貼滿大大小小的感謝狀，陳忠露方才的自豪又轉為謙遜，淡淡地說：「爸爸傳下來的手藝，養活了一家大小，我也只會做這個而已。」

現在，陳忠露的雞毛撢子已經成為台灣的另類文化遺產，甚至成為該村的旅遊標的。很多人到彰化，都會指定要去陳家的雞毛撢子庭院看看，再買一支雞毛撢子當伴手禮。本來是很便宜的打掃工具，如今卻搖身一變成為藝術品，這對陳忠露來說應該是始料未及的。

面對慕名而來的遊客、校外教學、攝影社團，陳忠露只要接到預約電話，就會熱情地接待解說、親自示範。至於子孫無意傳承這項絕活，陳忠露看得十分坦然，「外面上班一個月好幾萬，我們做這個賺不到啦。年輕人都去城市上班了，我們老的就自己加減做，跟大家結個緣。」後代無意傳承，倒有許多人前來學習製作雞毛撢子，甚至有人想要拜師學藝。面對這麼多「徒子徒孫」，陳忠露只是淡然一笑，「很多人都說想學，但實在耐不住性子，都撐不了多久，我也是隨緣，不強求啦。」

說到遊客，陳忠露說很多人一到陳家庭院，看見那麼多雞毛撢子，最先發出的都是哀號聲。四十歲以上的人提起雞毛撢子，往往第一印象不是撢灰塵，而是童年被打得哇哇討饒的畫面，而且只要一有人說：「哇，小時候我阿母就是拿雞毛撢子打我的。」旁邊的人就會開始附和。想想這畫面：在展置雞毛撢子的庭院中，「我也是！」「好痛啊！」的慘叫此起彼落，可以確定雞毛撢子不只是清掃工具而已，還是大家「共同的回憶」。

最後，陳忠露笑說：「現在還有人說要買回家『教囡仔』勒！」原來如此，所以雞毛撢子的文化傳承是沒有問題的嗎？「毋湯啦，」陳忠露連忙揮手，「現在教囡仔不能用打的了啦！」

陳忠露的手藝不僅吸引了觀光客，還讓許多文創工作趨之若鶩，設計品牌「Hands手手」就邀請陳忠露攜手合作，推出現代版的雞毛撢子，讓這些老技藝以新面貌示人，拉近和當代消費者的距離，也讓新生代看見傳統工藝領域無法被取代的美。

在各式吸塵器推陳出新的現在，陳忠露所貼黏的每一片雞毛中，都能見識到屬於台灣職人的韌性。「大家都會做，要不要做而已，這只是我比較會做。」對他來說，把雞毛撢子做得堅固耐用、漂亮妥切，賣出去最好能讓人用上一輩子，就是最要緊的事，完全不思量收益的平衡。在這純樸磚屋之中，兩位老人家的真情流露，正是當代社會裡寶貴的惜物精神。

# 釘蹄師

## 甘願為他露馬腳——馬的美甲師

別以為只有貴婦才修指甲，馬場也有釘蹄專門學校畢業的「馬的美甲師」！

「我不喜歡跟人接觸。做了這一行才知道……不管做什麼，都要跟人講話。因為付你錢的，永遠是人類。」不喜歡跟人互動，乾脆跑去為馬服務——他，是釘蹄師郭聖彥。

助手從馬場牽著一匹咖啡色的駿馬，喀咯喀咯

的馬蹄聲從遠處傳來，緩緩走到釘蹄區。巨大的身體立刻為現場帶來一股壓迫感，才把轡繩綁好，郭聖彥看了一眼，立刻繃緊臉孔，「牠很緊張。現在去換蹄鐵，牠可能會發狂，傷害我們，等一下再來換。」

本來馬就是很神經質的動物，基於生存本能，對周遭環境很敏感，一有風吹草動就會繃緊神經。加上拍攝現場多了四、五位陌生人的氣味，又有一堆怪傢伙，這種場合，就連馴化多年的馬兒都可能暴走。安全考量，從事釘蹄師十多年的郭聖彥當機立斷，要團隊暫緩拍攝。過了一段時間，果然馬兒的眼神放鬆了不少。

等待時間，郭聖彥拿起一旁兩公升裝的水瓶，大口大口地補充水分。釘蹄師本就是勞力活，每天與馬腳奮戰像是在重訓，加上都在火爐旁工作，水分流失特別快，所以一有空檔就要拿起水瓶「灌肚猴」（kuàn-tōo-kâu）。「這工作有個好處，」郭聖彥放下水瓶，眾人豎起耳朵願聞其詳，「就是可以省下上健身房的費用。」嘴上說著自己不善與人交談，其實郭聖彥說故事和冷不防幽上一默的功力，跟他的釘蹄專業同等精湛。

馬蹄就跟人的指甲一樣，會持續生長，而蹄鐵之於馬，就像鞋履之於人。所以，一名專業的釘蹄師至關重要，他們負責為馬匹定期修蹄、釘上新的蹄鐵，讓馬兒們無論走路或跑動，都能像穿著量身訂製的好鞋一樣，活動自如。

中古世紀，釘蹄工作由打鐵匠完成，只要把鐵片釘上蹄子就好。到了近代，馬匹的運用從戰爭坐騎、貨品運載，轉變成運動賽事的參賽動物，馬匹的經濟價值愈來愈高，人們對馬的品質也愈來愈要求。於是，「釘蹄」這項工作就從鐵匠獨立出來，成為一門特有的職業。

釘蹄，有一定的流程和邏輯。首先要加熱蹄鐵，根據馬匹的蹄形、行走姿態，捶打出大致吻合的弧度與造型。郭聖彥走到馬兒的右前腳旁，背對著將馬兒的右前腳抬起，夾進雙腿間，先用鐵夾把原來的蹄鐵取下，清除卡在蹄上的土塊、草屑等團狀物，再用鐵刀削去周圍與底部多出來的馬蹄，將底部修剪、打磨至平整。

光要完成四隻腳的修蹄工作，就讓郭聖彥大汗淋漓。他接著將塑好形的蹄鐵丟進火爐，燒至火紅，雙膝再次夾緊馬腿，對準馬蹄，烙上蹄鐵。頓時，白煙衝起，一股刺鼻的味道迎面而來。原以為馬兒會痛到嘶吼大叫，但馬兒淡定優雅，活脫脫是上流貴婦在體驗美甲美容。

濃煙消散，郭聖彥從工作褲中抓起鐵鎚，熟練地將鐵釘釘入馬蹄，一隻腳的著裝任務就完成了。要替一匹馬更換蹄鐵，至少需要四十分鐘，推算下來，一天完成八匹馬的服務，就幾乎達到體能上的極限。

在台灣，釘蹄師就和日本製造的壓縮機一樣，非常稀少，但在國外，釘蹄師不僅備受重視，還有專門培訓的學校。郭聖彥就是畢業於美國肯塔基州的一流釘蹄學校，Kentucky Horseshoeing School。

在校時，菜鳥釘蹄師們要經過怎樣的測驗呢？郭聖彥說，老師會牽出一匹馬，學生要在很短的時間內，挑出最合適的蹄鐵。「每個人都瞪大眼睛盯著馬腳看，多希望能發現這匹馬走路有什麼不一樣的地方，降低出錯率。」要是挑錯了呢？就要拿著十組挑錯的蹄鐵——重量超過二十公斤的鐵塊，繞著馬廄跑十圈。「天啊！那真是夠累的。」

一講到求學經歷，郭聖彥的神情盡是懷念。彼時既要承受遠離家鄉的孤獨，經歷過的種種磨練能講上三天三夜，但那些穩紮穩打的訓練，加上畢業後繼續在美國四處「游牧執業」，都是郭聖彥今日能成為王牌釘蹄師的根基。

醫學生上解剖課有大體老師，釘蹄初學者，也有馬的大體老師。學生們初期練習，都是用屠宰場砍下、多出來的馬腳作為演練對象。但可別以為這會比用活體馬匹簡單，自冷凍庫退冰的馬腳，上頭沾滿血液、泥土及馬兒死前受到驚嚇而排泄的穢物，無法突破對惡臭的心魔，就不能繼續朝偉大航道前進。而後頭等著學生們過關斬將的，就是退冰後溼滑至極的馬腳。

郭聖彥形容，這時的馬腳，就像一個滑溜的圓柱寶特瓶，要用膝蓋夾緊已有難度，還

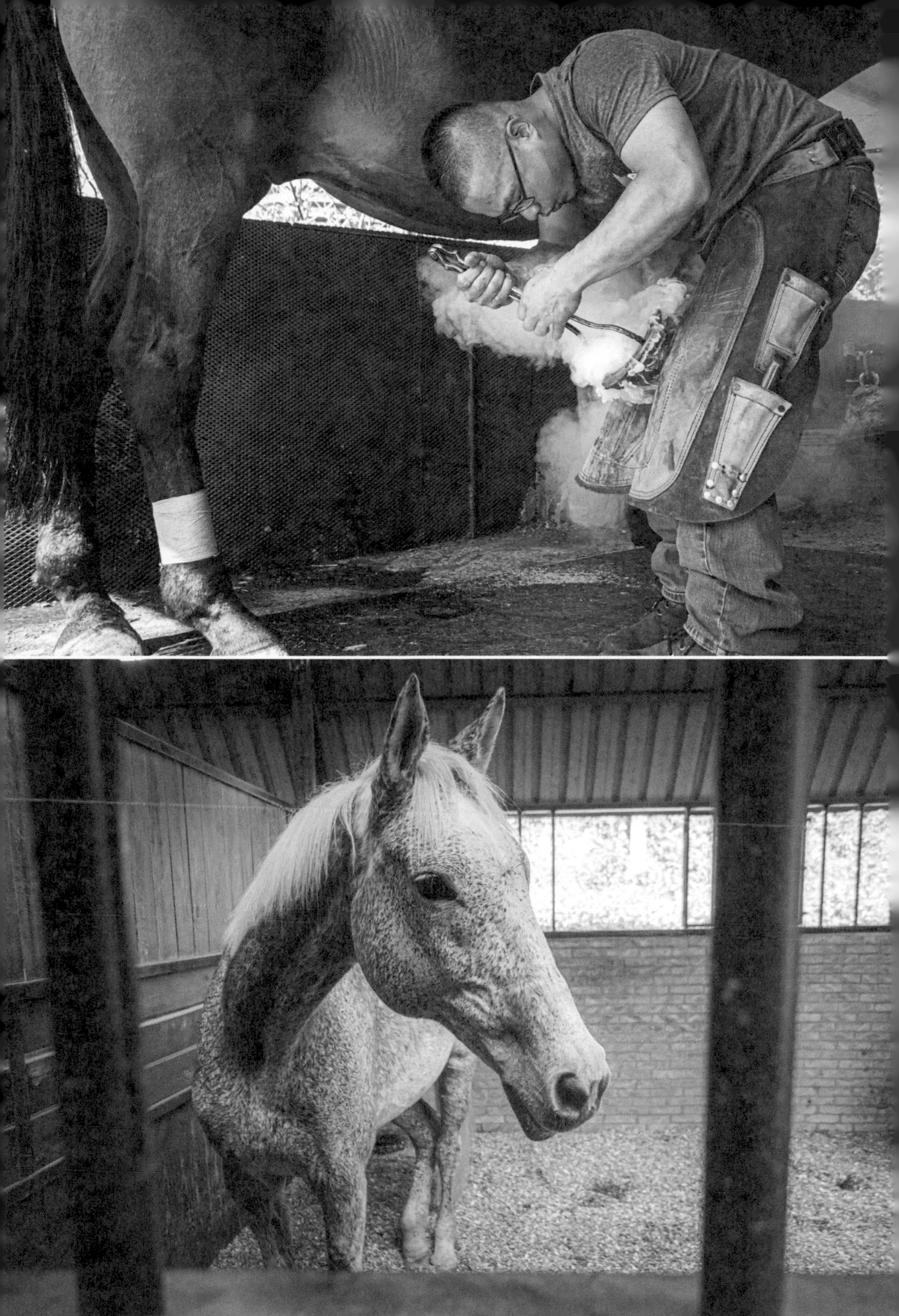

要一邊將馬蹄修至平整，不僅難以掌控，常常角度一不對，馬蹄就飛出去了。而若馬蹄剛好在下刀之際噴飛，那麼被劃傷的可就是自己，此事非同小可。

準釘蹄師不只要學打鐵，還要學動物運動學、動物心理學、語言溝通、地形、環境、氣候等。這些乍看與釘蹄沒有關聯的學程，實際上都是很重要的必修課。

有次，郭聖彥和同學們前往牧場練習，才要下車，就目擊一匹馬一個後踢，正中學長胸口，「他當場往後飛了好幾公尺遠，像放風箏一樣……」郭聖彥邊說邊高舉起右手，模仿風箏往天際飄去。「學長人飛起來，我的心也飛出來了。」

那驚人的一幕，差點戳破郭聖彥的釘蹄夢，腦中頓時浮現人生跑馬燈，開始懷疑自己是不是該回家了。但回過頭想，正是因為學長沒有好好運用動物心理學、注意到馬匹的細微動作，才會受到馬匹的踢擊。那次的經驗，讓郭聖彥在求學過程中除了累積經驗外，也更細心地修習相關課程，謹慎觀察馬匹的一舉一動。

畢業後，郭聖彥成為獨當一面的釘蹄師，跑遍美國，開始了他的職業旅程。在美國求學、功成名就後，他回到台灣，持續在國際舞台發光發熱，更受邀擔任二〇二〇東京奧運馬術比賽的官方釘蹄師，將好技術傳遞到世界各地。

但是近幾年，有些隱憂困擾著郭聖彥，那就是職業傷害。釘蹄師在工作現場要隨時保持警戒，時時刻刻注意馬匹有無情緒異常，畢竟馬腳一踢，輕者驚嚇小傷，重者內傷送命。也因為釘蹄師在台灣是很少數人從事的行業，他常常得南奔北走，巡迴全台各地馬場，舟車勞頓下，加重了體力上的負荷。而肌肉長期過度使用所造成的痠痛、眼睛頻繁直視火爐而產生的後遺症，也往往使得釘蹄師年屆四十就必須提前考慮退休。

「到了四十多歲，我也會面臨當年老師們遇到的問題。」釘蹄師要在台灣轉換跑道不容易，不過郭聖彥似乎不怎麼擔心，「漂泊了這麼久，退休後可能會開台小攤車，在國小校門口擺攤賣雞蛋糕吧。」古意的個性顯露無遺。

不過郭聖彥，你的雞蛋糕，該不會是馬蹄鐵造型吧?!

# 紙獅頭

## 跟上百個獅頭同住——零瑕疵的獅頭修復

燠熱的夏日午後，在雲林北港義民廟前，「中華德義堂龍鳳獅總會」總教練吳登興為我們示範一段舞獅表演。他將身子壓低，結實的手臂緊抓著獅頭賣力舞動，隨著音樂拍子時而向左、向右，時而旋轉獅頭，任獅頭長長的鬍鬚恣意擺動，搭配清脆的銅鈴聲響，將整段表演的視覺和聽覺提得高漲，宛如一隻威猛的真獅現形於眼前。舞獅表演在慶典中扮演活絡氣氛的角色，威嚴的獅面令人不禁肅然起敬。

卸下獅頭，才終於看見吳登興的真面目，身材魁梧的他蓄了一圈性格落腮鬍，額上布滿汗水。其實吳登興不只會舞獅，還是北港有名的獅頭藝師，做獅頭的資歷已有三十四年，早從國中開始就靠著一雙巧手賺進自己的學費。他在家中收藏了上百只獅頭，最久的可以追溯至日據時代，「每天都跟上百只獅頭一起住，哈哈哈！」

早期北港武術館林立，習慣擺放獅頭以示威武，吳登興正是百年武館「北港德義堂」的第五代傳人，打從出生那一刻與獅頭結緣，四歲開始練拳法，國小三年級才正式拜父親的師父為師，和弟弟兩人一組到處演出。

為什麼不是跟著父親學？吳登興說：「我爸爸一直覺得學舞獅沒前途，所以不太願意教。」在以前，獅頭通常是以「相送」為主，不為販售而做，頂多包個小紅包給製作者，沒有人以此維生。一直到吳登興上了國中，社會風氣開始重視傳統文化，政府單位、學者起頭研究舞獅文化及獅頭的製作技法，才開始有「做獅頭」這門職業出現。從那時起，父親開始會讓吳登興在旁協助。

「不要以為我父親會手把手地帶我，這不可能。他是昭和時代出生的人，有濃濃的日本精神，所以儘管我做得再好，他都不會對我有一句讚美。」他們父子的相處總是這樣：父親做什麼，吳登興看了就學著做。當時還僅是國中生的他，沒有慢慢練習的時間，拿著畫筆就得上陣畫獅頭，想當然挨了不少罵，但也從實戰經驗中快速進步。直到有一次，父親看到他彩繪的獅頭，冷冷問一句：「是有必要畫得這麼費工嗎？」聽似沒有溫度的一句話，吳登興知道，父親終於肯定了他的彩繪能力。

從小開始做獅頭，吳登興已做了超過五百只的獅頭，修理過的更是不計其數。曾經有人向他提出了非常困難的修復條件，除了要將舊有獅頭斷掉的耳朵修復好，還要將整顆獅頭重新繪製過，對方表明：「要有修，但不能看出來修過。」吳登興照辦，特地以仿古技法調色，做出如出一轍的效果。事後交回給客人，因為實在一模一樣，對方竟不承認獅頭經重新繪製過。這狀況使人哭笑不得，吳登興只好告訴客人，若不相信就去問神，神明答覆獅頭已整顆翻修完畢，事件才就此告一段落。沒想到，技術太好也會造成困擾啊！

傳統獅頭的做法，考量到對舞者的重量負擔，以紙製居多。再者，獅頭與宗教密不可分，傳統認為入神難易度是「一紙、二土、三木、四石、五金」，凸顯了紙製工藝品於民俗中的難以取代性。早期一般紙張取得不易，在塑模之後，習慣以金紙作為主材料層層黏貼，現在則改用平滑度較佳的牛皮紙張為主，但為了開光入神，習俗上仍會貼上部分金紙。

獅頭之於吳登興，絕不僅是藝陣表演中的道具。一般而言，開光入神後即具有神靈，因此不管是做獅頭還是舞獅，都必須真誠以待，不可怠慢。就是這般諄諄心意，連神明都「指定」要他修獅頭。某個深夜，有人背著一只獅頭到吳登興家中拜訪，希望他能幫忙修理獅頭。吳登興不解，自己家明明在蜿蜒至極的巷弄裡，別說是晚上了，就連白天都很難正確找

路，到底是誰幫忙指的路？對方竟說：「是神明告訴我的，他說只要我背著獅頭出來，自然能找到修理獅頭的人。」如此神奇的經歷，讓吳登興深信，自己一直以來舞獅、做獅頭傾注的真誠，冥冥中也獲得了神明的肯定。

身為藝師，也是舞者，吳登興比誰都熱愛獅頭。他表演的風采甚至吸引了泰國華僑遠道而來拜訪，對方表明希望能找回已斷根的舞獅文化，在爬了海量的表演影片之後，認為吳登興舞福建獅最為出色，於是誠摯請託他赴泰國教學。剛開始，吳登興坦言心裡「怕怕的」，他打趣說：「我還特別Google了那間學校的位置，發現離馬來西亞檳城滿近的，剛好有個認識的師傅住檳城，如果我出事的話，他可以來救我。」儘管內心有些不安，但抱著能將舞獅技藝帶到國外的決心，帶著兩只獅頭，仍隻身前往異國。

當年正逢吳登興的第一個孩子剛出生，他沒有太多的時間留在當地，卻要面對一群完全沒有基礎又有語言隔閡的學生，幸好有精通泰語和中文的校長在旁助攻。吳登興算了算時間，答應用五天教會他們，「而且不是一點點會，我是要教到他們『很會』，五天後，他們的程度要可以登台表演！」開出如此緊湊的時間表，令大家都捏把冷汗。眾人眼見吳登興帶學生練了兩天，進度卻還停留在基本功，愈來愈緊張，但吳登興老神在在。教學經驗長達二十多年，他早就知道如何去蕪存菁，留下教學精髓。果真，經過兩天的扎根期，接下來的進度突飛猛進，孩子們到第四天都學會了舞獅的套路，第五天已能完整演出，表演片段還登上了當地的電視台節目。對方非常感謝，特地提供吳登興在訓練時的照片給節目組，看著自己出現在節目裡，他笑說：「怎麼有種被追思的感覺？」語氣中藏不住喜悅。

「能文能武，能者過勞」，是吳登興的最佳寫照。除了做獅頭、修獅頭，他也擅長製作花燈，這些工作量已經夠龐大，但吳登興不放過自己，他還要到學校教學。算下來，單日工時長達十多個小時。那麼拚不只是為了傳承從小陪伴自己長大的舞獅，還有對家鄉北港孩子們的心意，他說，鄉下的孩子課業不具優勢，但藉著學藝，他們有機會登上大舞台，與別人平起平坐地競爭，「不管最後是輸是贏，至少他們拚過了。」

大概是受到父親的影響，吳登興同樣不輕易將稱讚說出口，「我總覺得還能更好、還要更好！」這位嚴師以實際行動表達滿滿柔情，希望讓孩子們找到成就感，建立他們在童年的成功經驗，而非從小就覺得自己不如人，「我覺得我在偏鄉，我很幸福，他們也很幸福。」獅頭陪著吳登興長大，他用獅頭再陪著孩子們長大，將傳統技藝和藝陣完美結合，把握每個教學、演出的機會，用盡一己之力延續獅頭文化，滾動正面影響力。

# 不說人家以為我吸毒

## ——永不「墨」落的國寶級製墨手藝

書房裡文人騷客的揮毫大事、神壇前乩童要撰下神的指示，可都要墨房裡的「黑手」成全。時至今日，文房四寶：筆、墨、紙、硯，仍被視為重要傳統文化，四寶的箇中工法隨著早期移民來台，扎根在台灣不同處，台南製筆、南投製紙、彰化二水做硯台，製墨則在新北三重。

# 製墨

福建人來台後在三重形成聚落，當中不乏幾間有名的墨莊，當年一個才十五歲的少年陳嘉德在火車站前被人力仲介引介到墨莊當學徒，一直到二十八歲自立門戶成立「大有製墨」。五十年後的今天，大有製墨成了台灣唯一剩下的手工墨莊。

●

墨莊裡盡是老師傅努力的痕跡，新舊墨痕交織重疊，沾染了屋裡的牆壁、角落。匠人敲打墨團，發出咚、咚、咚的節拍，飄香的墨味伴隨著製墨發出的聲響，儘管外頭車水馬龍，這個空間的氛圍使時光流動的速度慢了下來，依照自己的節奏運行著。

昔日「墨神」陳嘉德年事已高，退居幕後，由兒子陳俊天接手。陳俊天雖從小在墨莊裡長大，但高中畢業就到汽車零件廠工作，比起父親內斂的匠人氣質，陳俊天師傅的個性相當真性情，說故事時不自覺會融入幾句家常便飯的髒話。在外闖蕩養成的海派性格，在回歸墨莊之後形成了特別的風景。

「哇，才一下就跟黑人一樣，跟你們說，這種黑矸，尤其眼睛最難洗！洗不乾淨的話，

還有人以為我吸毒咧，看起來黑眼圈有夠重！」陳俊天一邊拌料一邊說。拌料是他最討厭的步驟，光是調配好製墨原料，送入碾墨機蒸熱，雙手就已經黑得看不清原來的膚色，臉也被燻黑了一大半，就連在旁拍攝的攝影團隊也無法倖免。操作碾墨機不一會兒的時間，陳俊天已滿頭大汗，一顆顆汗珠布滿額頭順勢滑落，衣服也徹底濕透。

五、六年前初學時，他花了半年學習，才成功駕馭碾墨機這台大魔王，「一開始抓不到控制分量的技巧，墨團到處亂濺、亂飛。」光聽就能想像當時受「黑色恐怖」的洗禮多麼慘烈，而在他父親那個沒有機器的年代，甚至只能像原住民搗麻糬一

樣，一直搥一直搥。

製墨很辛苦，從揉墨、蒸墨，敲打以排掉空氣、增加密度，到陰乾，整個過程都需要人力與時間。在化學墨汁的市場衝擊下，手工製墨一度成為夕陽產業，直到某次陳俊天偶然看到電視上在宣傳「薪傳獎」徵件，一個簡單的念頭，決定幫父親報名，沒想到一舉奪下獎牌，大有製墨瞬間爆紅，成為媒體爭相採訪的對象，訂單應接不暇。

大有製墨最有名的招牌，就是散發出獨特香氣的「松煙墨條」。松煙墨條是將牛皮提煉的膠質加入松煙粉、冰片，再加入父

親獨創的祕訣：麝香，不僅改善了以往磨墨的臭味，加入麝香能讓墨愈磨愈香，也因此寫字的人更能安定心神。

因為成為國寶，松煙墨自然就成了搶手貨，買的人變得很多，還有一個對陳俊天來說有些奇特的消費族群，「就是那種，就是學畫符的，或是廟裡的乩身，他們說要用我家傳的墨來磨墨，用那墨水寫符咒，符咒才會具有靈力。」

松煙墨據說有辟邪鎮妖的功能，所以許多道士、乩童或廟方工作人員，都希望用陳俊天做出的墨來製作符咒，「一開始我也納悶啊，想說你們又不是愛好書法的人，寫個符咒有必要用到松煙墨嗎？後來才聽說松煙墨能增進咒的效果。」這類故事在陳俊天的製墨人生中不斷發生，「我曾經碰到一位宮廟的主持人跟我訂製墨，但他不是為了寫符咒，而是要入藥。」原來有個婦人久病不癒，來宮廟求神明診治，神明開了一帖藥單要婦人服用，其中一藥就是要用陳家的松煙墨。說來也神奇，後來聽說該名婦人在服用這款藥物之後，身體已緩緩恢復。

治病這事陳俊天也是半信半疑，畢竟他沒有看到最後的結果，但他真的有經歷過一次神奇的事：「我有一點靈異體質，所以能感受到一些神奇的事情。有一次在工作，我隱約感覺到有神明降臨，當下就跟員工說，好像有神明來了。話才說完，電話就響了。來電話的是一位住在高雄的人士，自稱是扮鍾馗的，說要來訂墨，而且是鍾馗大師指定要的。」想來也合理，鍾馗本來就是讀書人，只是因為樣貌不受皇帝喜愛而自盡，再加上松煙墨有辟邪鎮妖的功能，自然成為鍾馗大師的首選。

「不只是這樣。」陳俊天一臉無法置信地說，「更神奇的是，後來那個人又打電話來說鍾馗老師顯靈，希望我送祂一塊墨。祂還指出是放在工廠某處的哪一塊墨，這真的就神了，因為來訂墨的人根本就沒來過我的工廠，他竟然能夠清楚指出那塊墨放在哪裡？真是厲害。」

「以前製墨還沒有出名的時候，社會大眾覺得製墨也沒什麼。等到你出名了，那就不同了，大家很尊重我們，還有人打電話來哭著感謝我們家維持了傳統文化。」這是跟著老爸學製墨的陳俊天無法想像的榮耀，也就是這分榮耀，讓他有了堅持的動力，想要好好延續這台灣碩果僅存的文化傳統，「我們家可是國寶啊！」他笑著說。

# 鴿笭師

## 鴿子比勇
### ——嘉南僅有的百年「賽鴿笭」與鴿笭師

「嗡——嗡——嗡——」每年農曆二、三月，台南學甲、嘉義義竹一帶的天空總會捎來陣陣聲響，鴿選手們身上背著漆上紅色顏料的木製鴿笭飛過天際，風溜過笭管發出巨大的聲響。參賽者們能用聲音判別鴿選手的所在位置，醞釀已久的競賽氛圍愈來愈濃，村民手拿長竹竿，個個蓄勢待發，眼神炙熱地盯著敵營的鴿選手，等牠們飛累了停下來，即可展開「擄鴿」行動。

一個箭步向前，用竹竿鉤住鴿選手，將敵營的鴿子占為己有，就算得分成功。若對方想贖回鴿子，就得掏錢支付贖金，隔天再攻守交換——這是盛行在嘉南一帶的「賽鴿笭」，為一年一度的農閒季拉開序幕。

這項競賽通常以庄頭為一個單位，鴿笭的大小各代表不同積分，視最後能順利飛回的鴿子總積分定輸贏。落敗的庄頭得設宴招待贏家，酒酣耳熱之際，各庄頭間互動更加熱絡，以鴿會友，形成濃濃人情味的農家樂場景，說「鴿」是農家間的交友軟體也不為過。

謝榮哲站在人群中觀戰，沒有慷慨激昂地歡呼，沒有站隊，畢竟這些賽友們幾乎都是從小一塊長大的朋友。而鴿選手們身上背的鴿笭，幾乎全出自他手。三十幾年來，謝榮哲用做鴿笭養活了一個家，由於長期做鴿笭，額頭上的紋路特別明顯，那不只是歲月流逝的痕跡，更是三十年職涯留下的光輝戰績。

當年一起做鴿笭的朋友都不在了，謝榮哲是台灣僅存的鴿笭藝師。從小玩鴿笭長大的他，最初只是趁著做土木工程外的閒暇時間研究鴿笭，與幾位好友一起摸索，將舊鴿笭拆解，再研究如何重製。「誰知道鑿刀一握就放不開了。」雖說放鴿笭是從小到大的娛樂，但要從零開始摸索出做法，可費了謝榮哲不少功夫。

當年為了取得原料，他總得大老遠跑到山上劈柴、取木料，因為沒有任何經驗，把木頭帶回來之後就直接拿起刀來鑿，鑿到整雙手都起水泡，痛苦不堪。後來，他發現得先將木材浸泡於自來水中至少半年，甚至泡個兩三年都沒關係，待木頭纖維軟化了，才適合拿來雕刻。製程大都得倚賴純手工，也因此練就他結實的兩臂。

謝榮哲笑稱最初的作品「醜到不相信是自己做的」，不斷改良之後，終於抓到訣竅，成品質感愈來愈好。在街坊鄰居的口耳相傳之下，漸漸能接到訂單，遂以做鴿笭為主業。他沒有另闢工作室，工作地點就選在住家的三合院，埕外還堆了好幾桶用來浸泡木頭的大桶子，平時埋首在一張不太符合身體高度的矮桌。矮桌上頭擺著鴿笭半成品、刨刀等製作工具，一旁還擱著沏茶用的茶壺器具，雜物幾乎吞噬掉整張桌面。

鴿背的不是笭，是榮譽。雖說是娛樂為主，但如果你見過那些著迷於賽鴿笭的人，會知道那狂熱程度不一般。榮譽相當於面子，想當然，玩家對遊戲的重要靈魂配件鴿笭也相當要求。為了讓做出來的鴿笭能通過這些老顧客的高標審核，謝榮哲一點都不敢馬虎，甚至在住家附近建起鴿舍，養鴿以「品管」，用來實際測試自己的鴿笭品質。

一般來說，鴿選手平均重量約為三百七十五克，而鴿笭的重量從八十克至一百一十克都有。因為風阻會增加飛行難度，得盡量讓本體輕巧，組裝零件時得掌握中心點，講求重力平衡、不傾斜，才能讓鴿子平穩展翅起飛。

鴿笭發出的聲響也是製作重點。風吹入洞口時會發出嗡嗡聲響，方便讓參賽者得知鴿子的大概位置，所以，既要顧及重量，讓鴿笭側邊的木頭輕薄，又不能薄到使之破裂、影響發聲。薄薄的木屑堆積在旁猶如雪花冰，雖然不小心破裂也能補救，但對謝榮哲來說，這可是關係到成就感，也因為一個不慎可能就會受傷，所以做鴿笭時無論圍觀的人有多少，就算是示範給小孩子看，他也保持沉默且面色凝重，只專注在手上的工作。

入行做鴿笭的門檻並不高，昔日鄉下不少人以做鴿笭為業餘兼差，但以鴿笭為正職一生投入的人卻很少。過去為了繳孩子的註冊費，開學前後謝榮哲總要多接些單，連夜趕工，幾十年來用一顆顆的鴿笭撐起家中的經濟重擔。一做就做了三十幾年，一群人彎腰做鴿笭的畫面，漸漸變成了一個人。隨著孩子們成家立業，肩上的經濟負擔也不再沉重，但謝榮哲仍持續製作著鴿笭，直到二〇二一年才因日漸退化的視力與健康而決心退休。

鴿笭製作起來相當費力，又賺不了多少錢，但身為全台唯一的鴿笭藝師，謝榮哲深知若自己退休了，這門技藝不用多久可能就此失傳。嘴上不談傳承，但近年身體力行地

到處教學，任誰都能看出他投注在鴿笭上的熱忱。

在阿莎力的性格下，謝榮哲也有童心未泯的一面，別人賽鴿笭，他則「玩」鴿笭，自製巨大版和超級迷你版的鴿笭。為了秀出這震撼視覺的壓箱寶，謝榮哲單手提著超大鴿笭走向攝影機，邁出大大的步伐，一副走路有風的姿態，「做這個，就是追求一個爽度啦！」有人要買就賣，沒人要買就留著自己收藏、欣賞，做鴿笭對他來說早已不為填飽肚子，撇除文化傳承如此沉重的議題，更是個人無限創意的體現。

農村裡的人愈來愈少，科技也帶給人們更多娛樂選擇，但在地人對鴿笭的熱情不見消散，甚至成了台南市官方認可的市定民俗，連年舉辦鴿笭文化季。每逢比賽前夕，謝榮哲這兒就像是另類的情報交換所，老客人來串串門子、修鴿笭，聊聊哪戶人家今年的備戰狀況如何。

鴿笭這行始終沒有面臨到工廠化的競爭，即使因人口外移，放鴿笭的人少了許多，一年四季仍不乏訂單。對許多鴿笭玩家來說，塑膠纖維的鴿笭，壞了，就丟吧！但老師傅手工製作的鴿笭，壞了也捨不得丟，總想回到那個三合院，讓熟悉的老朋友修修補補。時間的洪流推動景物的樣貌，但對很多當地居民來說，那個在三合院埋頭認真做鴿笭的身影別具意義，令人心安。

# 神明也要微整形

## ——神像外科醫生的回春修復術

歲月是把殺豬刀，在人的外表留下深深淺淺的痕跡，身為愛美男女，許多人會滿載銀彈找上醫美，用名為「玻尿酸」、「肉毒桿菌」的武器，對抗歲月大魔王的重重出手。然而要顧面子的，可不只有人，神像動輒被供奉數十年，木頭或者受蟲蛀，或者在出巡、移駕時碰上人為疏失而破損，當然也需要駐顏妙術。

# 神像修復

大吉

雲林北港就有一位神像修復師楊時明，人家醫師拿的是手術刀，楊時明是拿雕刻刀，幫眾多神尊「整容」。不論神像是缺角、掉色或龜裂，他都能修復得幾乎看不出破綻，甚至因此拯救了不少可能發生的家庭危機。

「有些年輕人把家裡的神明請出去進香，過程中綁神轎綁太緊、傷到神尊，或是讓神明撞到香爐、缺了一小角，很怕被家中長輩知道，所以不敢請回家。他們輾轉找上我求救，我就得在很短的時間內修好，畢竟以老一輩對信仰的虔誠度，發生這種事可是會被趕出家門的。」

楊時明說，最初只是抱著幫助別人的心態開始修神像，沒想到在這種極短時間壓榨腦力及考驗手藝的過程中，找到了滿滿成就感。他得與時間賽跑，快速想到解決方式，讓毀損的神像完好如初地回到主家，謙稱自己是「庶民修復」，不比專門的古物修復，「人家有專業的修復儀器跟原料，跟我們這種雕刻店的修復當然是天壤之別。」但我們見到他臉書上一張張修復前後的對比照，都忍不住大讚真是「神修復」。這堅強的實力，仰賴的就是他磨練二十年的底氣。

民國七〇年代，光是雲林北港一個小鎮的刻佛店就超過二十間，楊時明為了分攤家計，國中畢業後就開始找工作，從小就喜歡畫畫的他，心想著刻佛店裡必定收藏了許多珍貴畫冊，便經由轉介，進到了在地的「玉成軒佛店」當學徒。沒多久的時間，他就被師傅的鬼斧神工徹底收服，「踏入這行，就像進入一個神奇的世界，看著店裡的師傅這麼厲害，我希望自己也能成為這樣的人。」

離真正能拿起刻刀的那天仍漫長，當學徒的日子裡，最難熬的莫過於強烈的寂寞，他說：「剛開始只能做些打雜的工作，打磨啦、打底啦、掃地之類的，客人根本不會知道我們是誰。」血氣方剛的年紀，就得學會與孤獨共處，抓緊時間努力學、努力練，期待被老師傅、客人點頭認可的那天趕快到來。

楊時明說話速度慢慢的，「其實，偶爾也會遇到有人冷言冷語，說大家現在都選用中國製的神像，哪有人還在選台灣的？但中國製的神像很多都是用機器大量複製出來的，我還是覺得神像要慢慢刻出來，才不會失去祂該有的靈氣。」

道教的神各自具有鮮明的形象，信徒從體型、五官、衣著、配備，就能輕易分辨出是哪尊神像。舉例來說，媽祖在信眾的心中，就像一位和藹可愛的媽媽，臉部線條通常較柔和、圓潤；三太子的頭部比例則會拉大，以符合他像小孩子的活潑、好動形象；威懾四方的王爺，因為是武將，通常體型魁梧、橫眉豎目，顯得霸氣威嚴。

有趣的是，神像也有流行趨勢，楊時明觀察，早期客人大多崇尚偏紅調的復古膚色，現在喜歡近真人膚色的則不在少數。而當年《霹靂布袋戲》風靡全台時，也有不少客人特別指定要將神尊「染髮」，又例如以前製作虎爺像重視威猛氣質，但現在也有Q版風格，「好像加菲貓一樣。」楊時明打趣比喻。

神像並非雕刻完就亙古不變，許多信徒發現，開光入神後也可能產生細微變化，「滿神奇的，你會覺得從一個物品變成有靈氣的神尊。」不僅如此，神像的面目有時會「很巧」地跟主家的家人神似，雖然聽起來太不科學，但的確就是主家給予的回饋。

曾有個客人，求了尊開漳聖王要裝金身，楊時明完成後，客人來店裡請回神尊，一見到神尊就潸然淚下，娓娓道來自己的故事。原來她有位四十多歲的老憨兒弟弟，為神明裝金身就是希望祂能庇佑弟弟，沒想到完工後的神尊，面目與從未來過店裡的弟弟如此神似。楊時明說：「不知道是不是心理因素影響，類似的事情有幾次，他們拿出照片來比對，客觀來說，真的會覺得有幾分像。」

從傳統學徒制出身，到近年自立門戶，成立以「楊」氏堂號「紫蘭」命名的「紫蘭時明」，二十年間感受到的落差，令楊時明不諱言時常感到失落。

「現在資訊太發達了，客人都很有主見，很多人是直接找好圖片要我們模仿，或是直

接下指導棋要我們怎麼做。」而在網路即是賣場的年代，連神像都被拿上直播台販售，間接夾殺了實體雕刻店。

楊時明解釋，直播的神像很多都是進口貨，通常一次進貨量都很大，最後賣不出去只能賤賣，導致行情大亂，「也有很多人買了直播品再拿來找我們改……這種狀況太多了。」取得一尊神像變得愈來愈便宜、愈來愈容易，顧客對雕刻師傅的尊重也不若以往，楊時明語氣中流露出滿滿的無奈。

「刻佛像這行做久了，其實很心痛，以前的信徒因神明聚在一起，每個人都很虔誠，但現在信仰的風氣變了，人變得愛比較，比行頭、比派頭，常常就迷失了方向。」眼見不少老舊神像直接被丟棄，淪為「落難神」，實在於心不忍，也讓楊時明更確立要走神像修復這條路。

這天，他為打理過的三王公拍照，在臉書上寫下：「三王公可以帥氣過年了！」又是一次妙手回春，大好心情藏都藏不住。

送來楊時明這邊的損壞案例千奇百怪，例如某次主家送來的，是一尊額頭凹陷的土地公神像，楊時明像醫生般端詳了好一陣子，推測是被老鼠啃咬所致，他將神像上的鬍子取下、原本的顏料卸除，以土質補好額頭損傷處、漆上新顏料，再加上仿古工法才算完成。這是因為有些客人擔心將家裡的神尊送修後，神靈會不穩固，所以需要仿古，在視覺上達到安定人心的效果，也避免同一尊神像上有新舊兩種風格，顯得突兀。

每日都在「造神」、「修神」，其實楊時明是個頗為鐵齒的人，但每每在修復神像時，極緊迫的時間讓他擔心是否就要開天窗之際，腦中都能順利湧現靈感，就好像冥冥之中受到了神明的眷顧。也曾有別人家請乩身辦事，突然把楊時明找過去，乩身對著他說了聲「謝謝」，仔細一瞧，才發現神壇上供奉的，正是自己多年前整理過的神尊。這些事讓他深信自己的付出和心意，神明一定看得見。

「紫蘭時明」連招牌都尚未掛上，就已憑藉高品質的修復實力，流傳出好口碑，還曾經有客人說家裡神明指定要給他修復，「不管是不是客套話，我聽了就很感動！」

最初，楊時明以店裡的老師傅為努力的楷模，未曾懈怠地日夜努力，二十年後，換他成了別人眼中那「厲害的人」。他的刀落在木頭上，一刀刀刻出細節，對神尊的敬意，揉和職人的手感、美感，灌注在慢慢成形的神像上，直到近年開始為神明動刀、修整，始終執守初衷。別人要比拚管不了，花俏的行銷手法也學不來，他只想實實在在地做好每件工作，吸引真正認同這分價值的人上門。

# 製棺

## 晚上吹狗螺，有人來「看房」

——打造身後住處的地下房產大亨

屋子旁一條涓涓小河流過，夕陽西下，橘黃光線穿過窗櫺，灑落屋內。一個老師傅安靜不言地磨著木頭，動作快速而重複，木屑飄散，一踏進門，木材香撲鼻而來……

這樣詩意的畫面，若不是事先知道今天採訪拍攝的主題，真會以為只是來到了家具工廠，木香、木屑圍繞四周，但再定眼細看……那不是家具，而是一口口即將完工的棺材，就這樣立在屋內。本來詩意溫暖的畫面，瞬間一股涼意襲上背。這回的主角，就是為亡者準備的最後住處——大壽（棺材）。

●

從事棺材製作已五十多載的棺材店主人林進傳，小時候因為家境窮困，從十七、八歲就跟了個老師傅

學習棺材製作的功夫。初當學徒，也曾因為聽過太多可怕的民間故事，難免心裡頭感到害怕，但為了賺錢且有人願意教，沒什麼好挑三揀四。早期棺材製作是以件計酬，林進傳手腳快也很願意學，很快被師傅看中而將一身技巧傳授給他。技術愈來愈純熟以後，林進傳決定回家鄉桃園蘆竹開自己的店。因為林進傳技術精熟、用料實在，這間棺材工廠愈做愈擴大，棺材店生意也愈來愈有規模。

而從小總喜歡跟在林進傳身旁跑來跑去的兒子林奕華，現已接手家中的棺材店生意，相較於父親的不擅言詞，林奕華更善於與人打交道。他回想起當年家中生意興盛的時期，「過去台灣早期還是以土葬為主，棺材的需求很大。我們家工人最多時，有八個人在製作，一個月可以做到七、八十口棺材，再將製作完成的棺材交到店面去販售，每天都在出貨。」

林進傳的棺材工廠工作有個特色，中午時女主人會做好大鍋飯，讓全部員工一起用餐，因為工廠位在偏遠的山區，周邊沒有便利超商也沒有攤販，所以會供餐大家一起吃。採訪當天，林進傳父子也招呼著大家一起吃飯，工廠裡工人們性格各不相同，有些人跟林進傳相似，木訥寡言，埋頭吃飯，但有些工人友善熱情，大聲話家常，說著鄰里大小事，也向採訪團隊爆料，開著無傷大雅的玩笑。風趣的言談逗得現場一片和樂，工作的辛苦忙碌，似乎都在這笑談間沖散了。

從這每天的大鍋飯中，可以感受到林進傳把所有員工都當作自己的家人、朋友一般在照顧著，也因此在這裡工作的工人，多已做了長達十幾二十年以上。彼此每天相處，一起工作，一起度過這悠悠的人生歲月。

棺材製作是份很粗重的工作，搬運木頭、裁切鑿形，都需要大量體力，而工廠裡工人們年紀漸長，體力不如當年，現在也沒有太多年輕人吃得了苦、願意投入這個行業。因此，林奕華接手這份事業後，開始購入機器處理大型木頭的升降與搬運，但鑿切成形、刨刀修整、補土上漆等，還是需要人工完成。許多步驟需要用斧頭慢鑿、用刨刀修整，整個過程木屑漫天飛舞，呼吸時吸進的都是木屑灰，夏天即便工廠溫度高，依然開不得冷氣或電扇，只能咬著牙撐過炎熱。

「我們的棺木一定要用實木，這是爸爸傳下來的原則。」林奕華說，雖然棺材終要埋進土裡，但它是亡者永眠的處所，萬不能占客戶便宜，一定要把成品做得堅固。對這對父子而言，這是一門做信用的生意，棺材入土六年、十年後，家屬撿骨時，如果找不到棺材或遺骨，立刻就會知道木材的好壞，或棺木有沒有被偷工減料。

雖然因為製作棺材，長年接觸生死事，對於生死也相對看得比較開，但是冥冥之中也有許多科學無法解釋的事情發生著，所以還是必須憑著良心來進行這項事業。畢竟騙得了人，但你敢欺騙鬼神嗎？

「像我們這邊都有養狗，如果暗時吹狗螺，隔天就一定會有家屬來這裡買大壽。」自家就住在棺材店隔壁，如果晚上聽到有腳步聲或一些怪聲，隔天就會有人來買棺材，林奕華說，「可能是亡者先來這邊看過了吧。」這些難以說明的怪異現象，林奕華說得像是平常小事一般，似乎沒什麼好大驚小怪。

人們對於不了解的事物總容易心生恐懼，尤其是死後的世界，也因此對於棺材業者難免會有錯誤或不安的想像。其實，棺木雖是為亡者所準備，但林進傳工廠裡的用木都是進口的，且都是以新的木材製作，所以師傅們在製作過程中倒也沒有什麼忌諱，就當作是製作一般家具，只是擺放的地方不同罷了。不過，林奕華談起小時候，當同學知道他們家是做棺材的，有時也會被瞧不起，也遇過一些人對於這項工

作心存排斥，或是看到棺材會趕快閃開。雖然知道這是一份正當的工作，但也為此遭受過冷眼對待，心裡不大好過。幸而長大後看得多了，許多想法跟著改變，「就當作是在幫助眾生，做功德這樣啊，我們就好好地做，讓往生者可以睡在更加舒適的大壽裡。」

說來也矛盾，大家會將對死後世界的恐懼延伸到棺材業者，或看到棺材店覺得不吉利而繞路走，但在古代，高官、富有人家卻因為同音關係而把印章做成棺材的樣子，反成了福氣與名利的象徵。而在馬祖也有個特別的習俗，老人家會在自己還健壯時，自行到棺材店預訂一口棺材，為自己祈福添壽，期許自己更加勇健。尤其在閏月時，因著這個習俗而前往預訂棺材的人數就更多了。

有段時間網路上非洲迦納的黑人抬棺影片風行全球，引起熱烈話題，讓大家關注起棺材業者與相關文化。但近年來台灣因為政府主推火葬政策，土葬人數銳減，對於較精緻、用料較好的棺材需求變少，棺材製造產業銷量受到嚴重影響。

棺材業成為夕陽產業是不爭的事實，許多較小型的棺材店也都接連關門休業。面對這樣的變化，林奕華也感到無奈，因此自父親手上接下此生意後，他開始思考，除了製作棺材，還可以如何拓展與轉變。現在，他把握著手邊資源與契機，將棺材生意拓展轉型成葬儀社，畢竟工廠裡還有多位員工靠著這份生計養家活口，他期許自己帶著為亡者與家屬服務的真誠心意，也盡心盡力照顧員工，努力將這份生意與傳統技藝發展下去。

# 烘爐

## 結婚入厝、消災解厄都有它——全台唯一的烘爐職人

從產業道路拐進巷子，一間簡陋的鐵皮屋中堆放著成千上百個烘爐，一股熟悉溫暖的感覺流洩而出。那是小時候中秋節烤肉時，全家圍在一起的幸福，是求學時代與三五好友吃火鍋（尤其是羊肉爐）的美好；在傳統婚禮中，更是新人一起踏過誓言的感動。

那是烘爐，陪伴著許多台灣人一起度過許多重要時刻，卻又如此沉默，一如眼前這位皮膚黑得發亮、總是穿著一襲白汗衫的烘爐師傅，羅榮材。

提到嘉義民雄，大家都想到鬼屋、肉包，烘爐這項在台灣漸漸沒落的手藝，可以算是民雄的隱藏版特色產物。羅榮材十六歲就開始製作烘爐，做到現在差不多五十年了，依然堅守崗位，依照古法一步步揉塑烘爐。「在我小時候，光是嘉義市就有五、六間烘爐工廠，但現在，別說嘉義市，全台灣應該只剩我在做了。」這話說得平靜，但給人一種事已至此的淡然，環顧整個烘爐工廠，更能體會這種全台唯一的清寂感。

偌大的廠房，連同羅榮材與老婆陳春碧在內，共有四個員工，一整天下來只有三種聲音：在烘爐外層包覆鐵片時，用鐵鎚敲打所發出的咚咚聲；收音機裡傳來的台語老歌音樂聲；最後也是最有趣的，是一群吉娃娃因一點風吹草動而過度反應的汪汪叫聲。這群吉娃娃為孤寂的鐵皮工廠帶來笑聲與盎然生氣，「很多人都叫我養土狗，因為可以顧工廠，我是覺得沒差啦……我這裡也沒什麼東西可以偷吧?!」羅榮材笑著說，至於養狗的原因，「啊就人家送來，我也不忍心看牠們被遺棄，反正我這裡空間大，就養著吧，看起來也是古錐古錐的。」看著一群毫無殺傷力的吉娃娃，鐵漢也會被這可愛給征服。

吉娃娃為工廠帶來一絲生氣，然而面對環境的快速變遷，羅榮材憑藉的是堅持的勇氣與一身從父執輩傳下來的技藝。羅家前院有一座挖成半月形的迷你山丘，山丘上是座迷你水池，旁邊有堆黑漆漆的土，也是做烘爐最重要的材料。

羅榮材的烘爐是靠米糠與沙土調製而成，米糠燒成灰後，與土漿攪拌後就會產生黏性，這就是烘爐的基底：火灰土。「現在市面上賣的都是水泥做的。用水泥做很快，也夠硬，但如果過熱很容易炸開，土就禁得起燒。而且水泥很重，運送過程搬運不易，但土製的烘爐很輕，很好移動。」

「很多人都以為水泥耐用，其實水泥通常兩年就會崩壞，但土製的烘爐可以放幾十年以上沒問題。」但面對現在社會只求快和便宜，羅榮材也只能嘆口氣：「我嘛是沒法度。」

烘爐的製作過程看似簡單，卻極為費工費時。烘爐必須經過拌土、粗胚、成形、日晒、包覆鐵皮等程序；作為基底的火灰土調配好後，要灌到模型裡，脫模後還要晒上一個月才算大功告成。一遇下雨，可能就會因濕氣而前功盡棄，是個看天吃飯的苦力活。成形之後，烘爐外層還必須包上一層鐵皮。一座上寬下瘦的烘爐，由兩片鐵皮包裹，接合處還是以手工鉤上釘子，再加裝兩條鐵線圈做成提把，最後再以水泥漿來回澆淋粗胚，「像咱人要抹粉啦，抹過才會水。」

看過羅榮材做的烘爐，都會特別在意烘爐外層的鐵衣，通常烘爐都會開一個客製化的鐵片來襯托品牌，印製像是「羅榮材烘爐工廠」等字眼。但羅家沒有這麼做，就直接購買市面上所看到的鐵製罐頭來運用，「反正是工廠大量生產，就跟他們批貨，整批買價格才會便宜。」鐵片修成扇形後還要敲平，才能釘上烘爐，做成我們現在所看到的成品模樣。難怪，工廠裡成堆的罐頭鐵片擺放在現場，紅的、綠的、橘的，各大品牌的罐頭都聚集在這裡，這些不是回收的罐頭，而是塑形前的大型鐵片。小時候跟著家裡吃粥的人都知道，大茂黑瓜、土豆麵筋配稀飯十分下飯，工廠裡成堆的罐頭鐵片就是這些牌子。無從得知為何羅師傅鍾情大茂食品工業的鐵片，只能臆測或許是上頭五顏六色的配色適合黑壓壓的烘爐，產生視覺上的對比，令人印象深刻。

烘爐早期是重要的民生必需品，婚喪喜慶可使用，也會拿來煮飯、煮茶，相當親民且實用。為什麼都算是民生必需品了，還會沒落呢？「就太厚工了吧，而且瓦斯爐更好用啊。」一面對可能即將遭到淘汰的未來，羅榮材顯得十分坦然而平靜。技術無人接

棒，不可惜嗎？「這些年已經問到不想問了。」

的確有想到接手的問題，但羅師傅自己的小孩都在外縣市打拚，也不止一次地問起身旁的親友，有無熟識的年輕人想要接手。這四、五十年來，大多時候都是請工人來幫忙做，人們光是幫忙的過程看到這麼辛苦，就連學都不想學。羅榮材說，有時也會問一下朋友的小孩有沒有人要來見習，但他們光看就怕了，「誰要？我自己都不想做了，怎麼可能叫我兒子來做。」他嘆了一口氣，「也是啦，誰會希望自己的孩子一輩子做這種辛勞的工作。烘爐的通路一年比一年減少，要說以後有什麼發展，依我看是沒有。」年紀漸長，慢慢地也無法再像從前那樣身扛一百斤的土，即使身負最後職人的重擔，羅師傅也已看開自己退休後，這項技藝會隨之消失。

沒有未來。這四個字是多麼沉重，那為什麼不乾脆退休算了，何必這麼辛苦？羅榮材露出難得的笑容，「因為還是有人覺得不錯用吧。」羅家的烘爐以前都接大單賣給工廠，現在因應轉型開始接小單，有不少零星散戶前來購買。確實，在工廠可以看到陸續有人來詢問買賣，一點也沒感受到土製烘爐將被水泥取代的危機。「以前我做的烘爐都在嘉南地區銷售，有一次，台北萬華夜市有家烤魷魚的老攤子抱怨中國貨不耐用，跟朋友打聽到台灣還有我在做烘爐，立刻訂了七、八個備用。」接著風聲便傳開了，羅榮材也發覺烘爐還是有商機，於是透過做批發的朋友寄貨到台北給小吃業者。後來不只是烤魷魚的來買，羊肉爐業者也會訂做特別尺寸的烘爐。這些識貨的生意人，正港是羅家烘爐的知音啊。

不過，對羅榮材來說，烘爐不只是生意而已，「曾經有個太太，她兒子剛出獄，為了趕快幫他消災想買個烘爐，但又等不到店家天亮才開門，這樣會超過過香爐的良辰吉時。剛好她打聽到我這裡有在做，我又住在工廠這裡，就連夜跑來找我買。」那次也讓他感受到，原來自己做的烘爐還能幫到有需要的人。

也許烘爐這項技藝會因做工繁瑣，或是因為更新、更便宜的科技而被取代，但即使如此，羅榮材依然堅守崗位，因為他知道，依然有人需要自己做的烘爐，為了這分需要，他會一直做到自己做不動為止。

# 鰻魚飯

## 公認的壞臉老闆——烤鰻魚，也是孩子們的命運炙烤師

俐落片開鰻魚，迅速刺串，上烤架熟成。以超高速但不失精準的刀法，完美剔除魚刺，置了蒸籠烹製，淋上醬汁。將鰻魚鋪到香甜米飯上，端上桌，換來客人滿足的笑容。

這每一道工序，又是炭火，又是蒸籠，無不騰散著逼人的熱氣，其中也摻和從楊承樺身上散發出來的炙熱。或許，楊承樺所烤的並不是鰻魚，而是他的人生。

出生於雲林北港的楊承樺，因為對讀書實在沒有興趣，十來歲就到台北打拚。一心想著快點賺到錢，只要能有錢，什麼工作都做。回想年輕時那個想靠走捷徑成功的自己，說沒有後悔是騙人的。

「我做過歹子。」他大方承認自己的過往，那時的他開始進入餐飲業，也開了一家日本料理店。才幾年的功夫就成為獨當一面的老闆，楊承樺的天賦無庸置疑，但他並沒有很在意這項天賦。餐廳收入雖然還行，但他的主要收入卻是從黑道打滾掙來的黑錢。這樣的錢來得快，當然去得也快，楊承樺年紀輕輕就開始享受揮霍的人生，戴名錶、開名車，享盡有錢的好處。

他飛快地展店，妄想著白花花的鈔票將如雪片一樣飛來。但抄小路畢竟不是正途，楊承樺的捷徑人生逐漸走入死胡同。那時加盟店因為品質控管良莠不齊，整體業績開始受到影響而日見低落，想要扭轉情勢的楊承樺想到鰻魚飯，「家鄉那邊的養殖鰻魚品質很好，同樣是日本料理，應該有一搏的機會。」沒想到這一搏，也徹底改變了他的人生。

說來也不簡單，從他學料理鰻魚，到開設鰻魚店，不過花了兩年時間。一切進展都比別人快，自滿的心也因此膨脹得比別人厲害。在缺乏對設點位置細心評估的情況下，楊承樺想都沒想就選在彼時還在發展階段的南港，以為只要東西好吃，店開在哪都一樣。但看來「花若盛開，蝴蝶自來」的說法並不適用在楊承樺身上，結果就是迎來生意冷清到自我懷疑的低潮。

此時，命運又再補上一擊重拳，而且這記重拳還是來自過去楊承樺一直以為「夠義氣」的兄弟們。「燃筷（hiânn-tī，發音近「兄弟」）？」楊承樺自嘲，「燃瓦斯卡緊啦！」原來在他為餐廳燒錢燒到焦頭爛額之際，竟然還被道上兄弟騙走了一筆錢。

深具賭徒性格的楊承樺還是想拚一把，又把剩餘的資金投入分店的開設，但這一拚，卻讓鰻魚事業拚進了加護病房。本來就一直在虧損，又因為開了新的店，錢燒得更快，結果店才裝潢到一半，錢就花光了。連房租都付不出來的楊承樺，只能放棄展店的計畫，每到晚上就找朋友到店裡試菜。但說試菜是騙人的，不過是想讓店裡有些人氣罷了，即使讓人來白吃白喝他也願意，「那個時候真是自欺欺人。」

一家店經營到如此窮途末路，看來可能要從加護病房移轉到安寧病房了。但就在楊承樺走投無路時，一支令旗再度翻轉他的人生。

已經無計可施的楊承樺回到北港老家，原本很鐵齒的他被家人帶到一間廟宇，請求神明指點迷津，沒想到得到的神諭竟是要他把店收了。楊承樺當然不想放棄，又硬是從廟裡請了一支令旗回到台北的店裡。說也神奇，令旗才供好，門外竟然就有客人在等他開店了，也從那時開始，鰻魚店生意愈來愈好。也許你會說，那是因為南港展覽館與捷運通車之後所帶來的人潮，但無論如何，楊承樺的鰻魚飯就這樣成為名品，甚至有媒體遠從香港來採訪。至於令旗，已經成為店裡

的鎮店法寶了。

經過歲月的洗禮，楊承樺變了一個人，他洗盡銳氣，變得穩重起來。他只想一步步踏實地往前走，以前那些展店的念頭已不復存在。發現兒子跟他一樣不愛讀書，就叫到店裡跟著自己學做餐飲，本來只是想一邊做生意，一邊教育兒子，沒有想到兒子竟然「呷好到相報」，連其他不想讀書的同學朋友都一起叫到店裡來。從前也曾是個迷途少年，經歷過大起大落，楊承樺心想也好，就幫幫這些跟

過去的他同樣迷惘的少年吧。「讓我來教教這些不知天高地厚的小鬼什麼叫社會事吧。」楊承樺笑著說。

就這樣，楊承樺板起了臉孔，嚴厲指導著這些孩子，就連自己的兒子也一樣。疾言厲色的他，甚至被孩子們取了個「壞臉老闆」的稱號。店裡工作非常辛苦，很多時候可能要工作到天亮，還要面對有如軍事化管理的老闆，但這些孩子依然甘願服從楊承樺的教導，即使不少人被罵哭過，但楊承樺說：「很奇怪，他們就是罵不走……」

從上班時的儀容，像是指甲有沒有剪這種細節，到學習的態度、面對客人的反應等，楊承樺都嚴格要求。「今天來上班之前有幾個剪過指甲的？這是平常你們就要注意的不是嗎？自我要求要高一點，你們每天晚上被我叫來罵，不會覺得不好意思嗎？」拉下店門之後，從廚房傳來叫罵聲似乎已成為例行公事，也有人勸導過楊承樺，時代不同了，不能再這樣管教年輕人，但他很堅持，「還是要用最嚴格的方式來要求他們。我要教他們的是正確的心態和功夫，這樣他們以後才有實力在社會上走跳啊。」

但罵歸罵，楊承樺對這群小朋友的關心可沒少過。有學徒因為家裡經濟狀況不好而想離職去工地做工，他二話不說馬上加薪，在生活上的照顧不遺餘力。談到這些學徒的成長，楊承樺原本殺氣騰騰的臉也柔和了下來，「他們這些年輕人其實很可取啦，很粗勇、耐罵耐操，也算很上進，都有心要學。」

狂妄與叛逆，失意與掙扎，這些經歷讓楊承樺懂得以謙卑的姿態去面對人生。命運炙烤了楊承樺，而他也以自己的人生歷練炙烤這些迷惘的年輕人，這可能是楊承樺始料未及的收穫吧！

# 戲偶師

## 不再只是藏鏡人

——布袋戲偶的華麗新面貌

「我覺得台灣的布袋戲，是全世界最美的。」近年引起廣大討論度的電影《返校》片中令人印象深刻、一現身就讓人恐懼地頭皮發麻的「白教官」戲偶，便是出自布袋戲戲偶師徐建彰之手。從傳統布袋戲偶，製作到為電影量身打造新角色，可說是徐建彰的大膽新嘗試。

「我從不認為製作布袋戲偶是夕陽產業。」徐建彰自父親手上接下布袋戲偶這份工藝，至今已近三十個年頭，仍是熱情滿溢，而會有如此強烈的熱情與使命，可說受父親影響極深。

說起他的父親徐炎卿，來頭可不小，他曾獲得總統頒發「雕刻國寶」肯定，而創下台灣萬人空巷奇蹟的《雲州大儒俠——史豔文》，劇中所有戲偶的雕刻與服裝也都是出自他之手。「爸爸他完全是無師自通，還自創許多雕刻技法，自己刻畫出各種布袋戲人物的樣貌。」說起父親的一手好工藝，徐建彰言談裡充滿欽佩。

回溯到一九六〇年代，當時還只是個小伙子的徐炎卿，已對布袋戲偶有股難以言說的熱愛之情，只要有戲台到村子裡演出，他絕對是最忠實的觀眾，死守在戲台前。戲看久了，也想自己操演，更想擁有自己的戲偶。但那個年代，不可能要求家中買戲偶讓自己玩，於是小孩子們常常拿著一塊布，把自己的食指包起來，想像那就是戲偶，然後自己編劇本操演起來。

當然，徐炎卿並不滿足於這樣的玩法，他利用放學趕牛的時間，撿起隨處可得的紅蘿蔔、地瓜等來雕刻頭像，想不到他還真的極有天分，加上觀察力細膩，蘿蔔地瓜皆能刻得栩栩如生。但這些食材很快就腐壞，沒辦法保留，所以他又試著在龍眼木上雕刻，結果竟快速地以此賺進人生第一筆錢。這也讓他決定投入布袋戲偶的製作領域，不斷鑽研，而後他所成立的「炎卿木偶雕刻社」，也成了全台最大的戲偶製作公司。

那時正是台灣布袋戲最蓬勃發展的年代，台灣寺廟多，農收酬神場合都會請戲台演出。布袋戲是當時演出的主流，全盛時期在台灣有兩千多團的布袋戲，而分團出去演出時，一天竟可多達上萬團。那時的盛況，直到今日依舊在在令徐建彰難忘，也期盼著有天能再見到布袋戲復甦的景況。

徐建彰就是在這樣的環境中成長，從小看著父親製作布袋戲偶，到他國中畢業後，決定正式投入學習，最後更隨著父親繼承了這份事業。但徐建彰也直言，父親在世時，因為當時社會對於布袋戲偶的龐大需求，父親一直都是過於忙碌的，就跟那個時代的每個父親一樣，徐炎卿也總是少言、埋頭苦幹。徐建彰並沒有太多的機會真正了解父親，只有透過這一尊尊的作品，理解他對於布袋戲的情感，且從那一尊尊戲偶的神情，他也才能從中體會到父親細膩的情感。

身為徐炎卿之子，徐建彰在戲偶的製作學習上反而更被嚴厲要求，「以前的老師傅相當重視精準度，在製作上每一環節都不得馬虎，每個細微步驟都要做個成千上百次。做到再厭惡也不能放棄，因為每一個基本工法都會影響到後續的步驟。」回想起剛開始學習戲偶製作時，面對老師傅嚴格的要求，可說吃盡了苦頭。所幸，因為抱持著想成為跟父親一樣厲害的布袋戲偶雕刻師的信念，所有艱辛都堅持下來了。這些基本工的訓練，也讓徐建彰後來製作木偶的功力凌駕於其他師傅之上，而徐建彰的沉穩性格，或

許也是在這亟需耐性與毅力的戲偶製作過程中培養出來的吧。

戲偶的製作過程，需要通過十道工法，每一環節彼此關聯。徐建彰認為這之中最為困難的是五官的呈現，木頭本身的紋理有順向紋、橫向紋、逆向紋，偶頭的五官必須順應木頭紋理結構去雕刻，否則會影響到神情呈現的自然度，因此從選木這一步驟就可以看出師傅的功力。而如何呈現不同角色的性格，對於戲偶雕刻師傅來說又是另一番考驗。布袋戲偶的角色分為生旦淨末丑，其各自特點都需要雕刻師傅自行揣摩抓取，因此每位師傅製作出來的樣貌，皆會因他們各自對於角色的理解不同而有所差異。當然，每一尊戲偶也因為都是手工製作而獨一無二。

值得一說的是，即便傳承了父親高超的傳統戲偶工藝，徐建彰在創作上並不墨守成規。他善於觀察社會對於美的追求與趨勢，並將這些觀察再加進時下流行的動漫風格元素，創作出獨有的美型戲偶。美形戲偶比傳統戲偶更重視仿真，戲偶在上色同時，也需一併考量其膚質、毛細孔等細節，因此工序更顯繁複困難。不過也因為升級版的精細程度，吸引了眾多布袋戲偶收藏家的關注與訂購，意外開啟了布袋戲偶的新市場，其中徐建彰最出名的作品便是媽祖與千里眼、順風耳。

要走一條突破的路並不容易，有時也顯得孤獨。尤其美形戲偶在造型上的大改變，對許多老師傅而言，其實是不怎麼認同的。但為了突破布袋戲的現況，讓更多年輕族群接受，徐建彰依舊咬緊牙，選擇繼續大膽地嘗試與挑戰。

徐建彰自言從事這份工作從來沒有想過是否會賺錢，對他而言，這更是自父輩傳承下來的使命。但不否認，他很有商業頭腦與眼光，除了台灣市場，他也相當看重東南亞市場，並在當地積極推廣。尤其馬來西亞對於布袋戲的接受度相當高，徐建彰團隊就曾經幫當地的劇團製作過一齣戲裡全部角色的戲偶，除此之外，他更受邀參加世界各地的工作坊，將台灣的布袋戲偶帶進了東南亞與歐洲。

徐建彰相信，只要一步步努力推廣與轉化，這些製作精細的布袋戲偶不會只停留在台灣，更能拓展踏上世界舞台。雖然因為社會轉型，大家已經不再守在戲台前觀看布袋戲，但就像宮廟文化一樣，布袋戲偶早已深植民心，這曾是台灣民俗的驕傲，只要透過持續推廣且不遺忘它，這份工藝就不會消失，就像是電影《返校》白教官的製作，讓布袋戲偶能與時代並行，就能看見布袋戲偶的新契機。

# 將帽師

## 巧手做將帽，開面展神威
### ——台灣家將文化一代宗師

因為他，陣頭才有了威風赫赫的神采，家將們的英武架勢才能顯現出來。他是黑龍師，一位讓台灣家將文化繼往開來的傳奇人物。

黑龍師，本名陳威龍，三代都是八家將面師，為家將畫臉譜。他花了三十年承襲家將

文化，讓開臉、製作頭盔，能夠在台灣繼續發揚光大。雖然已是專業備受肯定的面師，面對採訪，黑龍師粗獷的容顏下依然浮現靦腆的表情，「我只是守著長輩留下來的傳統而已。」

黑龍師從國中就開始跟著父親幫忙畫臉譜、學習製作家將頭盔，小時候喜歡跟著出門湊熱鬧，往往知道隔天要出家將，前一晚就會興奮到睡不著。回憶起兒時對陣頭的記憶，黑龍師的神情就像個小孩一樣，「出陣當天幫忙遞茶水、拿毛巾擦汗，督陣整天下來雙腳鐵腿，還是很高興。」

很多人一想到八家將，腦中立刻浮現色彩鮮豔的臉譜，頭戴華麗的家將帽，手拿各式各樣的刑具……是的，八家將總是廟會陣頭中引人注目的焦點，甚至有人把家將文化跟紅極一時的動漫《鬼滅之刃》聯想在一起。但你可能不知道，如此鮮豔的顏色與華麗的服飾，都出自黑龍師的一雙巧手，他所製作的將帽，更被譽為家將界的精品。

面對外界的讚譽，望著手邊正在製作的將帽，黑龍師變得嚴肅起來，直說將帽是要彰顯神明的威嚴，不是用來耍帥、打扮的。將帽，是神的裝備，自然不得等閒視之。

家將各有自己的職責，身上的打扮也不一樣，包括是文是武、級別、職務，都是職人設計將帽時要納入考慮的部分，而不是只求華麗而已。以往製作頭盔是用牛皮紙，現在則用硬卡紙製作。很多人都不相信眼前這些將官們戴的帽子是用紙做的，「大家剛知道時，的確是會嚇一跳！」家將團和神明所穿戴的頭盔，看似金碧輝煌，其實是紙製品。不過，雖然是紙做的，但堅固與耐用度不輸塑膠、金屬等材質。

無論烈陽下或大雨中，在家將們每一次穿梭昂首時，將帽都必須穩穩地襯托出家將陣頭的威嚴。而為了減少家將們的負擔，讓家將出陣時能更集中在陣法的要求，盡可能減輕將帽的重量也很重要。「人家是神明的特勤部隊欸，萬一出陣到一半帽子垮下來……毋湯啦！」

製作將帽時，得先刻好圖騰，再用鐵線一一塑形，過程全靠手工去做，無法用機器代替。而圖騰的精緻與準確，決定了一頂將帽的價值，因此不能求快，不過如果客人催起訂單，還是免不了要趕工，做到指甲邊緣起水泡也是常有的事。黑龍師就曾在一個月內趕製超過二十頂將帽，「那次真的太辛苦了。」每一隻帶著厚實老繭的手指，都透露出製作過程的勞心與勞力。

也是因為這分對品質的堅持，讓黑龍師的將帽成為所有宮廟陣頭的第一指名，甚至可以說是夢幻逸品。不只因為品質好，還因為黑龍師對家將文化的理解，讓他製作的將帽不僅外型漂亮，更有其文化內涵的底蘊。

儘管有過多次面對媒體採訪的經驗，平時黑龍師手邊依然沒有將帽成品能供人參考，因為每頂將帽都是客戶指名要黑龍師製作的，一做好，就被領走了，自然沒有參考範本。不過，來訪的客人也不需要樣品，因為黑龍師的稱號本身就是品質保證，唯有要面對媒體的採訪時，黑龍師才會去跟客人商借一頂來拍照。

黑龍師的手藝，就連宮廟的神明都知道。「我們王爺顯靈說一定要你做……」這句話已成為很多人前來訂購的開場白，還有人說，黑龍師製作的將帽對家將來說，已成為有鎮妖伏魔功效的法器。「我會認為這是因為我們做得很認真，品質夠好，人家才會給我們這樣的風聲。」

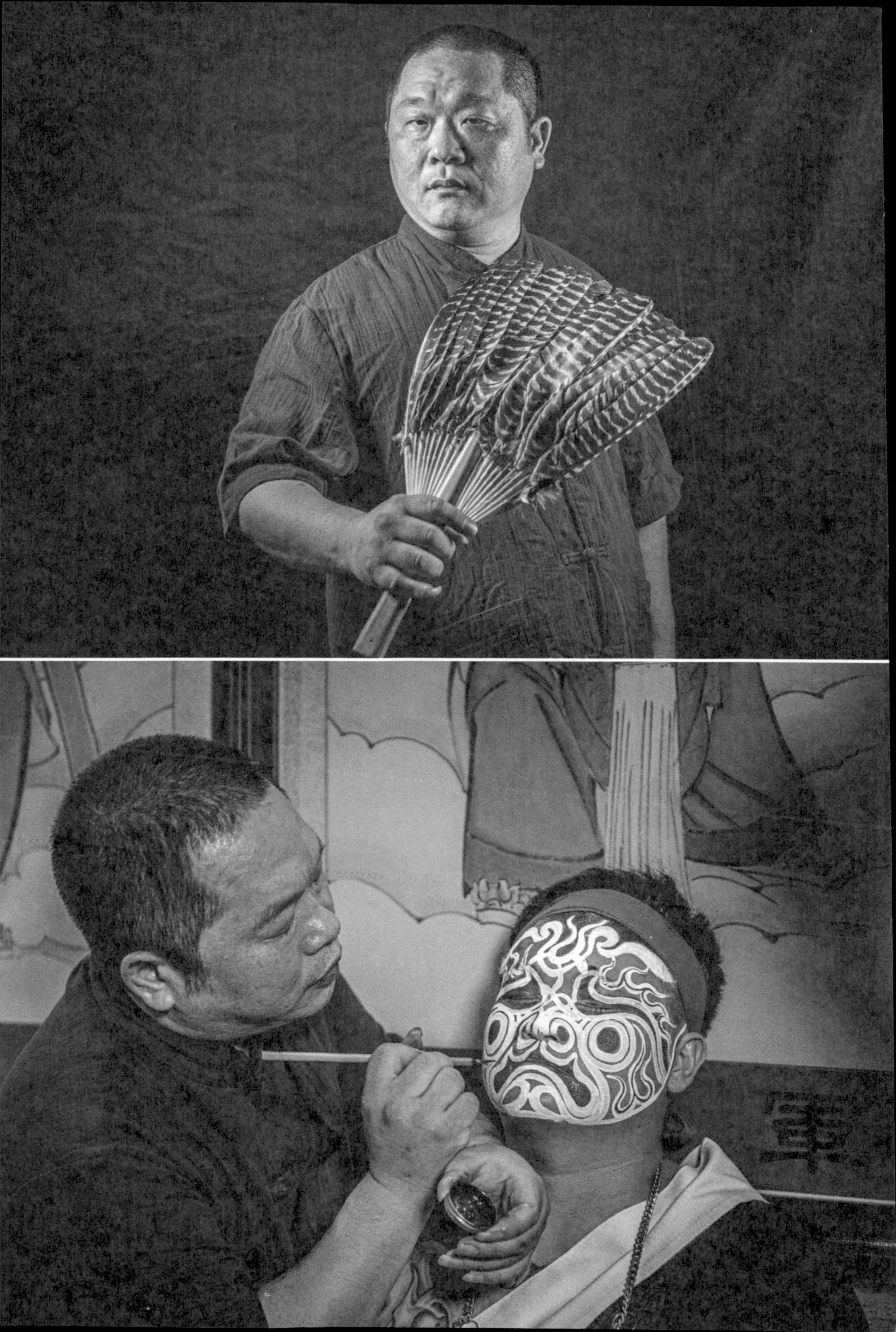

「這些都是我們祖先一路傳承下來的傳統啊。」黑龍師端詳著手中剛成形的將帽，「很多人都看到這頂帽子好像很威風，其實這不只是威風而已，這是台灣傳統信仰中很重要的文化。」黑龍師拿出一套工具，「將帽不是裝飾品，戴上將帽前，家將要先開臉。」

所謂開臉，就是為跳家將的成員勾勒出一張張神威赫赫的臉譜，開臉時必須點燃淨香，絲毫馬虎不得。「這比做將帽更辛苦。」由於家將團通常都是在清晨六點到八點這段時間出發遶境，黑龍師得從半夜三更畫到天亮，也因為都在深夜畫臉，工作時必須非常注重照明光線。儘管如此，眼力與體力的消耗仍然很大，這也讓黑龍師的視力退化很多。但看到家將們出團的英姿，黑龍師再累也甘願，而家將團的成員畫好臉譜，就已有神威，再經過換裝、淨身、文武差領令、開光上馬儀式後，他們即為家將神的化身，所以必須注意自己的行為舉止，維持莊嚴。

以前黑龍師會跟著父親一起帶著面師工具，汗流浹背地跟隨在後，「這樣才能在家將團下馬休息時，隨時補繪線條。」說到這裡，他忍不住笑了，「有次遶境，有個家將團員內急，結果整個隨行工作團隊都得陪那個人一起。」此外，家將必須暫時解除家將神的任務後才能如廁、吃飯，就連睡覺也是，因此家將團也堪稱禁忌最多的民間藝陣。不過，黑龍師說這些禁忌現在已經簡化很多了，以前家將出軍還得先吃素七天。

這是一直以來，黑龍師所認識的家將文化，扮家將的人是神明的使徒，是一種榮耀，也是使命。只是他無法理解，明明是如此虔誠的信仰與榮耀，是什麼時候讓家將文化背負上今天被嘲諷的汙名？想到很多人提到家將，馬上就認定是逞凶鬥狠的組織，黑龍師感到不解，「以前學家將是很嚴格的，也並非外界所想的，扮家將的孩子會去外面亂來。」

談及這幾年來廟會與八家將的汙名化，黑龍師以堅定的語氣宣誓守護文化的決心，「這個家將文化不能斷。它從我阿公、爸爸傳承到我這一代，我有責任讓它再傳承給下一代。」

一頂將帽，閃耀台灣民俗宗教文化的輝煌，這不僅是黑龍師的手藝，更是他捍衛了三十多年的人生信念。黑龍師以兩代的堅持，希望透過他們的彩筆與巧手，讓家將更顯神威，也讓已傳衍百年的家將文化更細緻、更豐富。

# 刺青

## 愛妻，把我忘了吧！——刺青師的抗癌告白

刺青師傅金忠穎的日常，乍看與其他刺青師並無不同，同樣要一針一針地在人體上刻畫出美麗的圖案。然而命運也是這樣一針一刀地雕琢著他，在他的人生留下血淚交織的印記。四十年的人生，一開展，竟是驚心動魄的風景：先是因金融風暴而從事業的頂峰摔落，以為已到谷底，誰知罹癌的噩耗又緊跟在後。一般人恐怕無法承受這連串的重大打擊，但金忠穎硬是扛了下來。

「我本來是做電焊工的。」曾經這份工作是搶手的，薪資也算優渥，但看似穩定的生活，卻在二〇〇八年因雷曼兄弟金融海嘯而遇到第一波逆流。金融風暴的影響下，金忠穎任職的公司裁去了許多職員，他也在名單內。前途茫茫之際，金忠穎遇見了刺青師楊金祥，從此改變了他的志業。

當時，楊金祥已是台灣刺青界的大師級人物，聽聞金忠穎的遭遇，建議金忠穎跟他學刺青。面對大師的邀請，金忠穎卻考慮了三天才回覆，大師好氣又好笑，往後每提起這事，免不了要虧他一下：「人家要找我學刺青，擠都擠不進來了，我主動要收你為徒，你還要等三天啊！」但被虧就被虧了，金忠穎至今依然認為自己當時不只是要學一門技術而已，而是在選一條要走一輩子的路，「花三天考慮，很應該啊！」

就這樣，金忠穎踏入刺青的領域，從一個根本不會畫畫的人，慢慢學習構圖、素描、透視，腳踏實地去學習刺青的一切知識。這一學，就花了三年八個月。沒薪水可領的日子就這樣撐了近四年，很多人可能難以想像，但金忠穎認為自己是來拜師的，不領薪水是天經地義，「這是對這項技藝的尊重。」

話雖如此，學徒期間之艱辛是千真萬確。一開始還能靠著老本過日子，但拜師的第一年老本用罄，之後只能一天一餐，而那一餐，還是靠著金忠穎口中的「楊大哥」工作室供應來的。或許夢想真的能為飢餓的身體帶來飽足的能量，十多年來每天都在為夢想拚搏的金忠穎，終於擁有了一家自己的刺青店，能夠一展所長、揮灑創意。沒想到，老天爺卻給了他雙重逆流。

先是媽媽因為糖尿病而引發敗血症，最後截肢，接著，更嚴重的事發生了。金忠穎因為鼻病而就醫檢查，一開始說是過敏性鼻炎，好好吃藥就會好，沒想到過了三個月沒有好轉，又進一步電燒、照內視鏡、採檢體，報告出來，才發現是鼻咽癌末期。

噩耗總是來得如此突然，金忠穎的世界登時陷入混亂，面對崩潰的妻子，他只能淡然承受這一切，「得了就得了，能怎麼辦？」沒有時間沮喪的金忠穎只能咬牙承受，當然也有反覆陷入慌亂的時候：「為什麼是我得這種病？如果我不在了，媽媽怎麼辦？

老婆怎麼辦？」除了面對病痛，努力做化療，金忠穎一心掛念老婆未來的人生。這個擔憂一直盤踞心中，於是，金忠穎開始教老婆刺青，「至少我還有這間店留給她。就算以後我不在了，她還有自己謀生的能力。」

金忠穎的妻子無怨無悔地照顧著他，更曾對同樣有慢性病的婆婆說，即便她兒子先走了，她也會繼續照顧她，不會離開。真摯的告白聽來動人，卻讓金忠穎更為掛心，告訴妻子：「那不是你的責任。如果我走了，你要過你自己的人生，把我忘了，去追求你自己的世界。」重述這段過去，一旁的妻子泣不成聲，緊緊抓著金忠穎的手。金忠穎趕緊又說：「我會加油的，家裡的人還需要我。我現在最大的願望就是買輛好車，載你出去玩！」逗得老婆又哭又笑。

生病後的身體難以負荷長時間的工作，原本一天可以完成的工作，得分好幾天才能完成。幸好金忠穎遇上一群

信任他的客人，入行十多年來累積的聲譽也成為信賴的基石，客人知道金忠穎狀況不好，都表示願意花時間等待。其中有位大哥級的人物，更是堅持不移地支持他。

說起大哥，這兩人彷彿一對難兄難弟。幾年前，大哥要金忠穎幫他刺青，後來一直沒有出現，好像整個人消失了一樣。後來才知道他得了癌症，過了兩年，大哥身體ＯＫ了，再找上金忠穎時，卻換另一人罹癌了。一個是要刺青的客人、一個是刺青師，卻因為「命運的創治」而雙雙走上漫漫治療路。故事沒完，大哥知情後，並沒有因為這樣就找別人，而是義氣挺到底，「他說好，我等你。」這六個字看似簡單，卻給了金忠穎莫大的力量，他要把病養好，守住這份承諾。

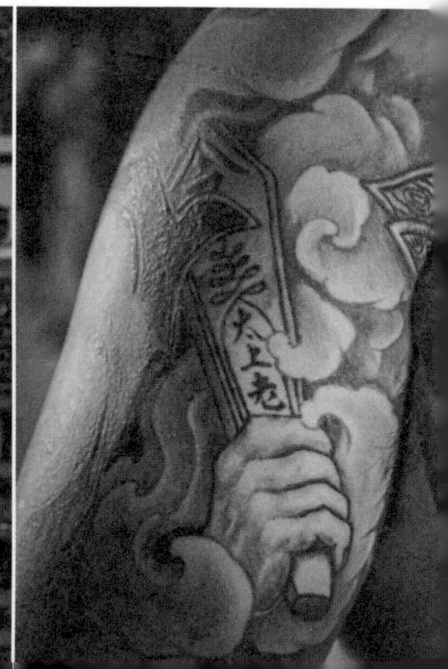

從事刺青，免不了與各種「阿尼基」結下緣分，也少不了要刺龍刺鳳。有趣的是，除此之外，金忠穎也為大哥們刺了不少神明圖像。或許是將信仰的神祇刺上身，可以讓人比較安心，對於客人想刺什麼圖案，金忠穎抱持開放且尊敬的態度。但有一件事他很堅持，就是對方要先去問清楚宮廟的意見，畢竟是一輩子的事，「而且有些神像刺在身上，如果沒有把眼睛紋上去，沒有神韻的神像看起來……滿恐怖的。但若紋上眼睛，那就是開眼了，不能不嚴肅看待。」

雖然以客為尊，但金忠穎也有二不刺：像是眉毛啊、眼睛這些部位，只要看起來、聽起來、做起來是跟美容產業有關的，他就不刺。因為那不是刺青師的工作，應該交給美容師。再來則是絕不在性器官上刺青，因為那是人最私密的部分，接下這樣的工作，對刺青師來說似乎有些不受尊重。

不去想病情，金忠穎還有想要完成的屬於自己的代表作。雖然心中已經有藍圖，但出於對自身職業的敬重，也是對他人的尊重，他不願隨意把別人的身體當成是自己的畫布，所以還在等適合的人選與時機，一起創造出他心中偉大的作品。但金忠穎不知道的是，在命運的精雕細琢下，他的人生已是他最棒的作品。

# 光劍

## 愛是一道光

——所有星戰迷都想擁有的優雅武器

假日的空地上，一群人手握黃、綠、藍色光劍揮舞著，霓虹的亮光在漆黑的夜裡交錯，伴隨臨場感十足的特效聲，隨著身體姿勢不同還會變換音效。這是每個月都會舉辦的「劍聚」，玩得正起勁的劍友們彷彿已進到另一個世界，完全忘了這只是城市旁的一塊小空地。

在人群中，頭戴花俏頭巾、身形圓潤的馬可多特別顯眼，那雙細如線的瞇瞇眼下藏不住熱血，因為劍友們手上揮舞的光劍全是他的作品。在電影《星際大戰》中，絕地武士使用的光劍是星戰系列的重要元素，影迷視光劍為最優雅的武器、男人的浪漫，而馬可多就是那個製造浪漫的男人。他製作的道具光劍賣到全球二十多個國家，身為全台灣唯一的光劍鑄造師，他笑稱自己是「特種行業中的特種行業」。

馬可多做光劍逾二十年，舉辦劍聚也已經十幾年，不少劍迷從學生時代就加入成為班底，到現在成家立業，以「星戰家庭」之姿和孩子一起參與聚會。劍聚就像星戰迷的社團，有人來練劍，也有人來現寶，晒出最近又有哪些新收藏。在這門信仰之前，年齡、性別、職業帶來的隔閡都能瞬間瓦解，這裡有機師、老師、工廠作業員，偶爾也有無家者來報到，但在這個時空下，他們只有同一種身分：光劍同好。馬可多堅持每個月固定舉辦一次劍聚，讓同好能放心喜歡星戰，畢竟當你喜歡一樣東西，卻沒人能同樂交流，是多麼寂寞的事。

馬可多的招牌穿搭是黑色背心，加上一條拉得極低、低到快要遮住眼睛的頭巾，雖號稱頭巾是為了「掩蓋殺氣」，但其實只因他是個大汗人，才乾脆讓頭巾成為必備。蓄了一圈落腮鬍的他，整個人自帶開朗氣場，說起話來鏗鏘有力，講到光劍就有股燃燒不盡的熱情。他的工作室牆壁掛滿各種光劍、堆滿燈管和電線，既是他的研發室，也是孵化夢想的基地，偶爾還是「有劍人自遠方來」的國內外同好會客室。

「星戰之於美國，就等於媽祖之於台灣，不管你喜不喜歡，它就是廣為人知的文化。」馬可多從小就擅長手作，原先夢想著打造出機器人，但程咬金「星戰」就這麼打路邊殺出。大學時，馬可多在電影院打工，重複看了好幾次的星戰，從此徹底迷上，二十年來每一集至少看了五、六十次以上。對星戰的狂熱程度毫無懸念輾壓舊愛機器人，稱愛上星戰之後是「覺醒」，他滿腔熱血想挑戰克服物理屏障，做出一把真正的光劍，甚至為此從機械設計系轉系到光電系。

畢業後，馬可多進到雷射切割機公司工作，他繼續研究製作「真正的光劍」，同時也陸續收到道具光劍的訂製需求，後來漸漸發現副業能賺到的薪資早已超越本業，也終於明白真正的光劍以現代物理的角度尚難以被製作出來。

既然愛的是光劍，也醉心於做道具光劍，馬可多決定辭掉工作全心投入。一般上班族的工作時間是八小時，但狂人馬可多一做起光劍，像裝上勁量電池，動輒能做上二十小時不停歇。自言是粗暴型的藝術家，相較國外製的光劍注重劍柄設計，馬可多認定光劍的重點，是要確保基本功能能正常發揮：夠亮、耐打、聲音夠響，才能玩得過癮。他以此為研發標準，做出獨有個人風格的光劍，每個環節都是親手製作，即使燈條和音效卡都可以委託工廠量產製造，但他堅持每個零件都要自己來，因為，「這樣才有靈魂！」

對馬可多來說，做光劍雖然是工作，但絕不是門生意。可別以為這傾注了血肉靈魂的光劍是地球人以貨幣交換就唾手可得的庸俗之物，想要擁有它，得先完成一份十題的申論考卷，證明你也是擁有原力的一分子，他才接受訂單。這「確認過同好」的儀式完全不減訂單的踴躍，依舊大排長龍，「我的東西不是你有錢就能買個一千兩百把回去，除非你有二十億，讓我可以買下台灣迪士尼好好做星戰，那我可以考慮短暫出賣一下我的靈魂！」

從不把光劍當成賺大錢的武器，若遇上預算不足、但痴心光劍的同好，馬可多也經常二話不說直接出送，或只收小預算但將規格來個驚喜大升級。客製化訂單沒有所謂的「唯一售價」，同好的禮貌和熱愛程度決定了價格，區間從零元到一萬元都有，還提供售後終生保固、免費維修。馬可多所定下的規定，幾乎都以星戰為出發點，「我不希望因為劍壞了，要送維修還要花很多錢，導致一些同好因此就不修了，那這個興趣就會漸漸斷掉。」一句「打壞算我的！」就是同好們的強力後盾，這樣的佛心，源自早期身邊同好實在太少，馬可多笑說自己實在不甘寂寞，「所以要拖大家下水。」

馬可多的終極想像，是有天同好們都能像絕地武士一樣，做把屬於自己的優雅武器。他壓根兒不怕做法被學走，早在二十年前他剛開始做光劍時，就直接將整套做法放到網路上，沒多久就被翻譯成英文版，流傳於國外的星戰迷間。這也再次印證，眼前這個為光劍痴狂的男人，的確在達到溫飽的基準線之後，所作所為只有「召喚夥伴」的唯一信念。

渾身充滿藝術家的浪漫，馬可多是真正啖食夢想而活的人。這樣的人設實在太夢幻，很難想像現在開朗、健談的他，小時候相當害羞內向，總等著別人上前搭話。是《將太的壽司》、《第一神拳》等作品鼓舞他改變，馬可多發現自己喜歡的漫畫角色共通點，是心地善良、堅定自己的信念，這些主角總能化解危機、達成目標，他決定自己也要活成這個樣子。於是，他以真誠的態度化被動為主動，從原本不擅言詞，漸漸能與人侃侃而談，而光劍又帶著他認識更多來自四面八方的同好。他一人負責所有訂單的接洽和製作，結識了數十個國家的同好，到哪旅遊都有人自告奮勇來接機、當地陪帶路。

說起職涯中最棒的體驗，當然不能不提將自製光劍送給偶像。某次，馬可多到國外參加星戰慶典聚會，他緊張地將自己做的光劍送給在《星際大戰首部曲》中飾演達斯·魔（Darth Maul）的演員雷·帕克（Ray Park）。雷·帕克本來在幫影迷簽名，一收到馬可多手作的光劍，馬上起身耍劍，在場影迷無不為之瘋狂。想到當時的場景，馬可多不減半分感動地說：「當下真的是快哭出來了，這一路所承受的辛苦，通通值得了。」

即便做光劍幾乎塞滿了全部生活，為了要組裝細小的零件而用眼過度，又因休息不足導致慢性結膜炎反覆發作，手腕的腕隧道症候群也難以根治，累積不少職業傷害，但馬可多仍非常快樂，也願意承擔這些犧牲。

若說每個人身上都有明亮度的分別，馬可多絕對如他所做的光劍一樣，是滿燈等級。褪去曾經不自信的過往，享受工作狂的日常，馬可多太滿意現在的人生了，甚至開玩笑說：「如果有一天我突然離開這世界，也可以含笑而終。」語畢後哈哈大笑，快樂止不住地外洩，任誰都相信他這輩子的任務，就是繼續使用光明原力召喚更多夥伴，

May the Force be with you！

# 製材

## 與木為伍四十年

百歲集團的製材興衰史

聳立在田中央的「貴森木業」，占地近半甲地大，典型的鐵皮工廠，在一望無際的稻田間更顯巨大。拍攝前由女兒打理採訪細節，據悉主理人「博文叔」已退居幕後，由原先開小吃店的女兒與女婿接手經營。儘管如此，他仍是這次的採訪要角。

早期賺錢的方式都是靠天吃飯，不外乎取自於自然、回饋於自然的農、漁、林木業等體力活。而台灣的林業最早從嘉義發跡，分成兩種類別：一種是處理板模的，裁切成客戶所要的大小尺寸，另一種則是專門供應給大盤商。看似簡單的分類，裡頭眉角很多。

一早，博文叔開著堆高機運送木材，身上的西裝褲在工廠中相當醒目。他那一輩的男性，重要場合總要穿上Polo衫，紮進西裝褲，再用X型的吊帶扣上，在今日已是頗有時代感的裝扮，但這天博文叔搭配的上身是條紋T恤，休閒中又不難看出博文叔的慎重。原先很客氣地說自己已經很少在做，訪問別人就好，性格低調樸實，但在我們再三拜託下，也不多為難我們地點頭答應採訪。

●

博文叔說話操著一口海口腔，海口腔是指台中海線一直延伸至嘉義東石、布袋的口音，特色是尾音上揚，跟一般的閩南話有些許不同。不諳此腔調的人聽得吃力，加上工廠噪音大，很明顯博文叔的聲帶已有些受損，即便調整了麥克風音量，說話的音量還是很小聲。

在木頭工廠，每一口呼吸都能吸進空氣中細微的木頭粉塵，攝影師每五分鐘就必須擦拭一次鏡頭，否則畫面裡什麼也看不見。鋸台不斷運轉，運作中的空壓機發出轟隆隆的聲音（影片裡很多背景音都是被後製掉的），博文叔談起剛踏入產業的情景。

「古早在嘉義這邊，製材工廠大概就有四、五十間，現在只剩沒幾間了。」四十多年前，博文叔跟著大舅子來到嘉義，開始學做木頭生意，像業務一樣到處奔走。彼時同樣的工廠太多，只能挨家挨戶拜訪，而且早期木頭狀況沒有像現在這麼好，所以能使用的部位又更少了。「現在附近的工廠經營狀況都不好，產業外移，寧願到國外設廠，因為工人比較便宜。」世態炎涼，今非昔比，博文叔的眼神道盡產業沒落的悲涼，他的頭髮已蒼白，走在好幾十公尺的巨大林木旁，小小的身影顯得孤獨。

早期只要肯吃苦，做什麼都能賺到錢，蓋房、娶妻生子單靠一份收入就能養家。在產業中經歷了四十個年頭，試想口袋裡的錢，肯定賺得飽飽的——博文叔苦笑了一下，打破我們原先的想像，「現在的檜木真的買不下手，一呎就要三千多塊以上，你們算算，要做廟門要花多少錢？二十多年前，一呎檜木才一百多塊，現在一呎要三千多，超過三十倍的漲幅。」以前賺的錢，現在只能存起來當買木材的預備金，「物價太高，利潤太薄，維持生活剛好而已。」博文叔的太太負責管帳，兩人私下互動良好，

錢的事全權交給太太，自己只管工廠。典型的夫妻分工，一個賺錢、一個存錢，一起做到退休。

在貴森木業，員工隨便兩個加起來都是百歲集團，特別的是整個廠都是嘉義人，沒有聘請移工。在台灣，勞動階級幾乎都是領日薪，一天最少一千五百元，最多可達兩千七百元，看似優渥的薪水卻仍門可羅雀。廠裡即便最資淺的員工也有十五年經驗，各個環節都有主管把關，每個人忙著低頭做事，自己該做些什麼，早已練成反射動作。但採訪當天，有員工出狀況：一根單價極高的木材鋸壞了。一般這種

老工廠，老闆早就破口大罵，但博文叔只是指點一下便繼續流程，神情看似嚴厲、肅穆，卻有著反差的個性，對員工極度信任，也相當溫柔、照顧員工。

每個木業工匠都是精算師，進口木頭一次就得買一整批，但這整批木頭該怎麼運用，得先靠腦袋精算清楚：買了這批，可以裁切出多少頂級的木材、多少一般等級的木材，都要瞭若指掌。用經驗累積出的眼光，是商人最重要的能力，萬一買回來的木頭品質不好，裁切後發現裡面腐化蟲蛀，就無法製作出東西來。此事攸關生計，任誰也不想買到整批爛木賠本。

即便已退居幕後，平時在工廠仍有兩個時間點會固定看到博文叔，最重要的就是木頭運送到工廠的時候，他人一定在現場監工，以確保安全。另一個就是他個人的小樂趣：開著堆高機穿梭廠房，運送木材。

滿載原木的貨車進進出出，做這行的都知道，大型機具吊起木頭時要特別小心。若平衡沒有控制得宜，就有可能發生「人還沒跑下來，木頭先跑下來」的危險情況。耳聞過不少驚悚意外，博文叔說：「我們現在都很注意安全，要盡量平均木頭重量，不能上下傾斜，畢竟這一傷到，可能都沒得救。」有他在把關進口木頭的進出實在令人安心。回想初見面時，博文叔伸過手來一把握起我們的手打招呼，難以想像那厚實而布滿老繭的掌心經歷過多少試煉。

製材產業雖然沒落，但終究還未走入歷史。採訪時隔一年，我們卻得知博文叔已在二〇二一年一月離世，從他的製材人生中功德圓滿。博文叔不擅華麗的詞藻，每回拍攝提問總是言簡意賅，但眼神中流露的溫度，不難感受他對這份職業的執著，深刻在靈魂裡。

隨著時間流逝，製材廠裡的師傅們會漸老、逝去，製材產業有天可能也會消失在歷史的洪流，但他們一生專注的匠人精神，會伴隨著他們的技藝在世上永久留存。木頭可是經歷了幾千、幾百年的歲月，而人的生命短短數十載，沒有這些匠人，又怎能讓樸實的木材得以重見天日。

不是沒想過放棄……
許譙歸許譙，嘛是要繼續幹下去！

## 目映・台北整合行銷團隊

出品人｜楊白駒、林恒生、黃彥銘
總　監｜吳建勳、謝宛君（Rita Hsieh）
監　製｜姜怡劭
製片人｜黃振望、林建男
導　演｜吳建勳
策　劃｜梁瑜珊
攝　影｜石育安
後製調光｜陳致愷
行銷宣傳｜陳筱筑、李書嫻、許羽君
行　政｜連庭、葉嘉儀
撰　文｜曾文正、李昱萱、劉宏怡、李書嫻、許羽君、汪凱萍、林建男
榮譽顧問｜楊浴平、張緻瑄、溫昇豪、湯昇榮
節日顧問｜
林世虔、黃嘉宏、林豪仁、陳柏安、洪瑞彬、劉政翰、高育群、王俊傑、王聖祺、翁鋒羿、楊承樺、楊駿騰、楊時明、呂逸文、李世勳、曹育齊、柯勝欽、李　杳、葉成豐、侯彥甫、李進良、廖郁文、蔡耕有、王建甫、國　弘、陳建棠

【新書分享會】

# 《百工職魂》

## 目映・台北

2021／11／07（日）

主講人｜「目映・台北」團隊 ft.神祕嘉賓
時間｜15：00
地點｜金石堂信義店5樓（台北市大安區信義路二段196號，近捷運東門站5號出口）

洽詢電話：(02)2749-4988

*免費入場，座位有限

國家圖書館預行編目資料

百工職魂/目映・台北整合行銷著. -- 初版. --
臺北市 : 寶瓶文化事業股份有限公司, 2021.10
面 ; 公分. -- (Vision ; 216)
ISBN 978-986-406-256-0(平裝)
1.行業 2.人物志 3.臺灣

733.4 110014473

Vision 216

# 百工職魂

作者／目映・台北整合行銷

發行人／張寶琴
社長兼總編輯／朱亞君
副總編輯／張純玲
資深編輯／丁慧瑋
編輯／林婕伃
美術主編／林慧雯
校對／林婕伃・陳佩伶・劉素芬・目映台北
營銷部主任／林歆婕　業務專員／林裕翔　企劃專員／李祉萱
財務／莊玉萍
出版者／寶瓶文化事業股份有限公司
地址／台北市110信義區基隆路一段180號8樓
電話／(02)27494988　傳真／(02)27495072
郵政劃撥／19446403　寶瓶文化事業股份有限公司
印刷廠／世和印製企業有限公司
總經銷／大和書報圖書股份有限公司　電話／(02)89902588
地址／新北市新莊區五工五路2號　傳真／(02)22997900
E-mail／aquarius@udngroup.com

法律顧問／理律法律事務所陳長文律師、蔣大中律師
如有破損或裝訂錯誤，請寄回本公司更換
著作完成日期／二〇二一年
初版一刷日期／二〇二一年十月二十五日
初版四刷日期／二〇二二年七月十二日
ISBN／978-986-406-256-0
定價／四〇〇元

# 愛書人卡

感謝您熱心的為我們填寫，
對您的意見，我們會認真的加以參考，
希望寶瓶文化推出的每一本書，都能得到您的肯定與永遠的支持。

系列：Vision 216　書名：百工職魂

1. 姓名：＿＿＿＿＿＿＿＿　性別：□男　□女
2. 生日：＿＿＿年＿＿＿月＿＿＿日
3. 教育程度：□大學以上　□大學　□專科　□高中、高職　□高中職以下
4. 職業：＿＿＿＿＿＿＿＿
5. 聯絡地址：＿＿＿＿＿＿＿＿＿＿＿＿＿＿＿＿＿＿＿＿＿＿＿＿

   聯絡電話：＿＿＿＿＿＿＿＿　手機：＿＿＿＿＿＿＿＿
6. E-mail信箱：＿＿＿＿＿＿＿＿＿＿＿＿＿＿＿＿＿

   □同意　□不同意　免費獲得寶瓶文化叢書訊息
7. 購買日期：＿＿＿ 年 ＿＿＿ 月 ＿＿＿日
8. 您得知本書的管道：□報紙／雜誌　□電視／電台　□親友介紹　□逛書店　□網路　□傳單／海報　□廣告　□其他
9. 您在哪裡買到本書：□書店，店名＿＿＿＿＿＿　□劃撥　□現場活動　□贈書　□網路購書，網站名稱：＿＿＿＿＿＿　□其他＿＿＿＿＿＿
10. 對本書的建議：（請填代號　1. 滿意　2. 尚可　3. 再改進，請提供意見）

    內容：＿＿＿＿＿＿＿＿＿＿＿＿

    封面：＿＿＿＿＿＿＿＿＿＿＿＿

    編排：＿＿＿＿＿＿＿＿＿＿＿＿

    其他：＿＿＿＿＿＿＿＿＿＿＿＿

    綜合意見：＿＿＿＿＿＿＿＿＿＿＿＿＿＿＿＿＿＿＿＿＿＿＿＿＿＿
11. 希望我們未來出版哪一類的書籍：＿＿＿＿＿＿＿＿＿＿＿＿＿＿＿＿

讓文字與書寫的聲音大鳴大放

寶瓶文化事業股份有限公司

（請沿此虛線剪下）

| 廣　告　回　函 |
| --- |
| 北區郵政管理局登記 |
| 證北台字15345號 |
| 免貼郵票 |

寶瓶文化事業股份有限公司　收

110台北市信義區基隆路一段180號8樓
8F,180 KEELUNG RD.,SEC.1,
TAIPEI.(110)TAIWAN R.O.C.

（請沿虛線對折後寄回，或傳真至02-27495072。謝謝）